营销创意
文案策划实训

陈　婷　编著

西北大学出版社
·西安·

前 言

　　在当今竞争激烈的商业世界中，营销创意策划的重要性日益凸显。它不仅是企业打开市场、提升品牌知名度、增加产品销量的关键手段，更是培养学生创新思维和实践能力的重要领域。为了给高职学生提供一个全面、系统的学习平台，帮助他们掌握营销策划岗位所需的核心素养和技能，同时培养他们的职业文化和思政素养，我们精心编写了这本教材。

　　本教材的内容设计紧密围绕营销策划岗位的实际需求，通过实训项目的设计和评价，将职业文化和思政素养的培养融入其中。通过学习营销创意文案策划的方法和技巧，学生能够更深入地理解营销策划的原理和工作步骤，强化创意思维在文案策划中的应用，并有效地将理论知识转化为实践能力。

　　教材的结构设计遵循营销策划工作流程和高职学生的认知特点，分为三大模块和十四个实训项目。每个实训项目都按照任务目标、任务描述、任务准备、任务实施、任务评价、任务拓展的逻辑顺序精心设置，确保学生能够在实际操作中逐步掌握营销策划的精髓。

　　我们采用"以学生为中心、以学习成果为导向，注重学生综合素质的培养"的教学原则，构建了三位一体的"自主思维"模式体系。教师可以通过这本指导书引导学生进行自主学习，而学生则可以根据指导书完成独立思考和任务探索。教材的特性体现在实训案例、工作笔记、考核记录表等内容的灵活更替和调节，赋予教材更大的灵活性和重组性。

为了适应现代教学的需求，本教材支持翻转课堂的教学模式。线上教学资源主要依托于智慧树平台开放的"营销创意文案策划实训"在线精品课程，而线下则利用本教材进行实训指导和训练，实现线上线下教学的无缝对接。

本书由陈婷编著，负责所有章节的编写，共计18万字。韩黛娜参与了模块一内容的编制和技能考核表的设计，共计1万字。李爱君对本书电子资源进行了整理和设计，共计1万字。周薇和杨凡对全书进行了审核。本书在编写过程中借鉴和参阅了许多教材、著作和网站资料，在此表示感谢和敬意。

我们期待这本教材能够成为学生学习营销策划的良师益友，帮助他们在未来的职业生涯中发挥出色的创意和策划能力。同时，我们也欢迎教师和学生提出宝贵的意见和建议，以便我们不断改进和完善教材内容。

目录

模块 1

营销策划的工作流程和职业素质培养

任务清单

项目序号	项目内容
项目一	营销策划的工作流程
项目二	营销策划职业素质培养

项目一 营销策划的工作流程

任务目标

1. 了解营销策划的工作流程。
2. 了解营销策划的组织结构。
3. 进行团队 CIS 策划，加强实训团队建设，培养团队合作意识，提高沟通能力。

任务描述

营销策划是一种实践性很强的科学性与艺术性相结合的企业市场活动行为，它本身既有严谨的内在逻辑联系性，又有可操作性的市场营销程序。因此在进行营销策划时，应该按照一定的流程逐步进行，以提高营销策划的质量和科学性。通过了解营销策划的工作流程和组织结构，进行团队 CIS 策划，建立项目实训策划团队，进行工作岗位认知和分配。

任务准备

1. 微课学习《营销策划的特点》《营销策划的原理》《营销策划的流程》。
2. 搜索策划岗位资料，了解实际策划工作内容。
3. 搜索团队建设资料，了解团队 CIS 形象策划知识。

营销策划的特点　　　　营销策划的原理　　　　营销策划的流程

引导问题	任务准备记录单
	主题：　　　　　　　　　　　　　　日期：
1. 营销策划的特点中"科学性"体现在哪里？	
2. 营销策划的逻辑公式是什么？	
3. 过去好的策划方案或者别的企业的策划方案能不能拿来直接用？为什么？	
4. 只要有好的创意就可以成就一个好的策划，对吗？	
5. 营销策划中的"人本原理"中的"人"是指？	
6. 什么是营销策划的"整合原理"？	
7. 营销策划应该追求什么效益？	

重点总结归纳栏

问题总结归纳栏

任务实施

一、组建项目团队

1. 以 5~6 人为一组，以组为单位完成实训任务，团队分工表见表 1-1-1。

2. 进行团队沟通，互相了解成员优缺点。

3. 选出团队领导者，并对其他成员进行初步的岗位分工。

表 1-1-1　团队分工表

成员姓名	优　点	缺　点	岗位职责

■ 操作提示

（一）知识要点

营销策划是一种复杂且富有创意的智慧行为。选择有效的策划实现途径，能使企业的营销策划活动取得事半功倍的效果，而建立完备的营销策划组织和选取优秀的策划人才，则是营销策划活动顺利开展的重要前提和保证。

营销策划组织，一般也称作营销策划委员会或营销策划小组，它将策划活动所需的各类人员整合在一起，是在充分发挥策划主创人智慧的基础上形成的团结合作的组织系统。这种组织机构依策划主题而设，具有临时性的特点，当营销策划项目或任务完成，策划小组便可以宣告解散，其后续工作可由企业的常设机构如企划部（科）来负责实施、监督及控制等。营销策划组织虽然是临时性的组织，但仍具有较强的权威性、专业性和严密性，对整个策划活动的成功起着关键性的作用。

通常，完整的营销策划组织由一名策划总监（主任、组长）、2~3名副总监（副主任、副组长）和若干成员组成。一个较为完备的营销策划组织的主要成员及其相互之间的关系如图1-1所示。

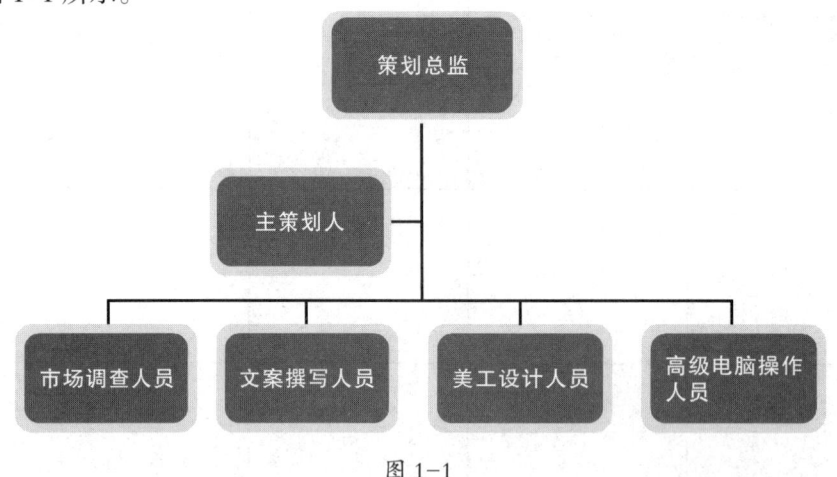

图 1-1

1. 策划总监。全面负责监督和管理营销策划组织的各项工作，主要负责沟通协调营销策划组织与企业各部门及各方人员的关系，安排、保证工作进度和效率等。一般应由企业的总经理、营销副总经理或策划部经理担任。主要职责为：

第一，战略规划：负责制定整体营销战略规划，确保营销目标与企业愿景一致。

第二，团队管理：领导并管理整个营销策划团队，包括成员招聘、培训、绩效评估等。

第三，资源调配：根据项目需求，合理分配预算、人力和其他资源。

第四，决策制定：在关键决策点上，如市场定位、策略选择等，提供方向性指导。

2. 主策划人。负责指挥各类策划活动，包括调研、创意策划、策划文案的拟定等。主策划人应具备较强的业务素质和多方面能力，以及丰富的企业营销策划的成功经验和高度的责任感。主要职责为：

第一，辅助领导：协助策划总监执行各项任务，分担管理工作。

第二，专项负责：各自负责特定领域（如市场调研、渠道管理、促销活动等）的策划与执行。

第三，团队建设：参与团队文化建设，提升团队凝聚力和协作能力。

第四，汇报与沟通：定期向策划总监汇报工作进展，同时作为团队内外沟通的桥梁。

3. 市场调查人员。准确、完备的市场信息是策划活动的依据和基础，十分关键。因此需要设立专门的人员来负责策划活动所需的相关信息的调查、收集、整理和分析等工作。市场调查人员应需要具备敏锐的观察力、准确的判断力和有效获取信息的能力。主要成员有数据分析师、市场调研员等。市场调查人员与策划主任和副主任紧密合作，提供数据支持，为策略制定提供依据。主要职责则是负责收集市场数据，分析消费者行为、市场趋势和竞争对手动态。

4. 文案撰写人员。通常策划文案的撰写应在主策划人的领导下由多位撰写人共同完成，这样既能保证策划工作的效率，也有利于集思广益，提高策划工作的质量。单个文案撰写人虽然只负责部分文案的撰写，但他们必须熟悉和了解整个策划过程。文案撰写人员应具备的能力包括娴熟的文字表达能力、清晰而深刻的逻辑思维能力和灵活的创新思维能力。他们的主要职责是根据市场定位和企业目标，制定全面的营销策略，包括产品定位、传播策略等。同时与主策划人保持密切合作，协调各专项策划工作，确保策略的一致性和可执行性。

5. 美工设计人员。营销策划的过程实际上也是对企业、产品进行美化包装的过程。美工设计人员可以利用美学原理，通过创造性的想象来丰富和完善企业的视觉形象、商品标识、广告等，以增强策划文案的感染力和冲击力，提高策划活动的有效性。美工设计人员应具备扎实的设计功底、良好的审美能力以及丰富的想象力。

6. 高级电脑操作人员。主要负责数据库的建立与整理、提案中特殊图形制作等任务的电脑处理，为策划活动及时有效地获取信息提供保证。电脑操作人员应具备娴熟的办公软件操作能力以及专业的数据处理与分析能力。

总之，营销策划的组织应尽量完备，同时它也应是一个由多方人员组成的、富于创造性的机构。只有这样，才能集思广益、博采众长，使营销策划这项复杂的活动顺利进行。

构建一个完整且高效的营销策划组织，需要明确各成员的角色、职责以及他们之间的相互关系。完整的营销策划组织通过明确的分工和紧密的协作，能够高效地完成市场调研、目标定位、策略规划、产品创新、价格制定、渠道布局、促销活动等各项任务。各成员之间应建立有效的沟通机制，确保信息的及时传递和问题的及时解决，共同推动营销目标的实现。

（二）任务实施要点

1. 模拟营销策划组织架构组建营销策划团队。

2. 团队成员尽可能由不同性别、个性、爱好和特长的成员组成。

3. 在充分了解团队成员优缺点的基础上根据策划各岗位技能的需要选出策划领导者和各岗位人员。

团队领导者的选择至关重要，他是团队的核心人物，决定了团队能否管理得当，能否合理分工并调动成员的积极性，提高团队凝聚力以有效达成最终目的。领导者一定要具备以下特质：

第一，活力。作为领导者，首先自己要富有活力，充满激情，只有这样才能带领下属完成工作任务。

第二，激励。领导者要善于调动下属的积极性，鼓励下属发挥能力，充分挖掘团队的最大潜能。

第三，敏锐的感觉。领导者要具备竞争精神，对市场要有敏锐的感觉。即使在激烈的竞争中，也始终能够以企业效益和客户利益为中心。

第四，执行的能力。再好的目标也要通过执行才能实现，领导者不光要善于思考，而且要善于行动。既要有迫切行动的愿望，更要不断积累自身执行的能力。

第五，优秀的表达力和沟通力。团队合作中必然会出现各种问题和矛盾，此时领导者一定要把握目标和原则，了解团队成员的优缺点，合理分配任务，制定规则并监督实施，出现冲突时做好协调和沟通，确保团队的向心力和凝聚力。

二、团队 CIS 策划

1. 团队理念识别策划，见表 1-1-2。

表 1-1-2　团队理念识别策划

团队目标	
团队理念	
团队标语	

2. 团队视觉识别策划，见表 1-1-3。

表 1-1-3　团队视觉识别策划

团队名称	
团队标识 （LOGO）	
标识意义	

3. 团队行为识别策划，见表 1-1-4。

表 1-1-4　团队行为识别策划

团队制度	
团队行为规范	

操作提示

（一）知识要点

策划工作一般以项目为单位组建团队完成，同时企业中统一企业团体文化理念、统一行为规范和视觉识别，强化企业和团体的存在价值，增强凝聚力和同心力，这就需要进行团队 CIS 策划。

CIS，是英文 Corporate Identity System 的简称，译为企业形象识别系统或品牌形象识别系统。它是企业对组织的理念、行为和视觉形象等进行系统化、标准化、规范化设计所形成的科学管理体系。其宗旨是通过特定的传播媒体将企业经营理念和经营行为转化为公众印象和公众态度，在社会公众心目中树立起良好的企业形象，取得良好的认同和支持。

CIS 系统包括：MIS（Mind Identity System）理念识别系统、BIS（Behavior Identity System）行为识别系统、VIS（Visual Identity System）视觉识别系统。

1.MIS（理念识别系统）的基本内容。

理念识别系统（MIS）是一套揭示企业目的和主导思想，凝聚员工向心力的价值观念。MIS 是 CIS 的核心和基本精神，是最高的决策层次，也为 CIS 的顺利实施提供源动力。

理念识别系统主要包括企业使命、企业精神、道德规范、文化性格、发展方向、经营哲学、进取精神和风险意识等。

2.BIS（行为识别系统）的基本内容。

行为识别系统（BIS）是一套企业全体员工对内、对外活动的行为规范和准则，表现为动态的识别形式。

行为识别系统的内容相当广泛，从企业活动的内容来看，主要包括对内和对外两个方面。对内的活动主要包括员工培训、礼仪规范、作业制度、生活福利、工作环境、管理模式、经营决策、生产研究等；对外的活动主要包括市场调查和开发、产品开发、公关活动、推广与促销、信息沟通等。

3.VIS（视觉识别系统）的基本内容。

视觉识别系统（VIS）是一套将企业理念和行为进行传播的可感知的要素，表现为静态的、具体化的识别符号。其主要包括基本要素和应用要素。基本要素即识别符号有：企业和品牌的名称与标志、企业标准字和标准色、宣传标语和口号、象征图形等；应用要素是基本要素的传递途径，包括办公用品、广告发布规范、员工形象、品牌包装、交通工具、建筑设计、展示设计等。

（二）任务实施原则

1. 团队 CIS 策划参照企业 CIS 策划原理，目的是建立团体文化理念、统一行为规范和视觉识别，强化策划团队的存在价值，增强凝聚力和同心力。

2. 团队理念识别策划中的团队标语需要能表达团队理念核心要素，易于传播和记忆。

3. 团队视觉识别策划的遵循原则：引人注目、寓意隽永、简洁明了、易于识别和记忆、具备一定的独创性和艺术性。

4. 团队行为识别策划中团队制度是为了保证团队工作顺利进行而制定的工作秩序和规定。需表述清楚各项工作完成程序的管理和规定，包括管理制度、领导制度、任务分配制度、责任奖惩制度等。

5. 团队行为识别策划中团队行为规范包括成员行为准则和礼仪规范。行为准则具体包括：素质与修养要求、岗位纪律要求、工作程序；礼仪规范具体包括：仪容仪表和商业礼仪。

（三）任务实施要点

1. 理念识别系统（MIS）实施要点。

（1）明确企业核心价值观。深入挖掘企业的文化、历史、愿景等诸多要素，提炼出能够代表企业本质特征的核心价值观。例如，华为公司的"以客户为中心，以奋斗者为本"的核心价值观，是基于其在通信行业激烈竞争中，对客户需求的高度重视和对员工拼搏精神的肯定而形成的。这一价值观贯穿于企业经营管理的各个环节。

企业理念要符合社会道德和主流价值观，且能够得到企业内部员工的广泛认同，为后续行为识别系统和视觉识别系统的建立提供理念指导。

（2）内部传播与培训。开展针对全体员工的企业理念培训活动。可以采用多种方式，如定期组织内部培训课程、工作坊，或者制作培训手册、在线学习视频等。通过这些方式，让每一位员工都深刻理解企业的核心价值观、使命和愿景。

鼓励管理层以身作则，在日常工作和决策过程中践行企业理念，发挥榜样作用。例如，企业领导在面对利益抉择时，始终坚守企业的诚信理念，这种行为能够有效地向员工传递企业理念的重要性。

（3）外部沟通与宣传。在对外宣传中，通过广告、新闻发布会、企业社会责任报告等多种渠道，向社会公众传达企业理念。例如，可口可乐在其广告宣传中，不仅展示产品，还注重传达其"积极乐观、美好生活"的品牌理念。

积极参与社会公益活动，将企业理念与公益行为相结合，提升企业在社会公众心目中的形象。如一些环保企业积极参与植树造林等环保公益活动，体现其"绿色环保"的理念。

2. 行为识别系统（BIS）实施要点。

（1）员工行为规范制定与执行。制定涵盖员工仪容仪表、工作纪律、服务态度、沟通技巧等全方位的员工行为规范手册。例如，酒店行业通常会有详细的员工行为规范，从员工的着装、微笑服务、接待客人的语言规范等方面进行严格要求。

建立监督和奖惩机制，确保员工行为规范的有效执行。对于遵守规范的员工给予表彰和奖励，如评选"月度优秀员工"；对于违反规范的行为及时纠正并给予适当惩罚。

（2）企业行为优化。优化企业的内部管理行为，包括企业的组织架构设计、工作流程优化等。例如，通过引入信息化管理系统，优化企业的办公流程，提高工作效率，体现企业高效管理的行为特征。

规范企业的市场行为，如产品质量控制、市场营销策略等。企业要确保产品质量符合相关标准和承诺，在市场营销中遵守公平竞争原则。例如，汽车制造企业要严格把控汽车生产质量，在市场推广中真实宣传产品性能。

3. 视觉识别系统（VIS）实施要点。

（1）基本设计要素与规范。精心设计企业标志、标准字体、标准色彩等基本视觉要素。标志设计要简洁、独特且具有较高的辨识度。例如，苹果公司的标志简洁明了，让人一眼就能识别。

制定严格的视觉要素使用规范手册，明确规定各要素的使用场景、组合方式、尺寸比例、色彩搭配等细节。例如，麦当劳对于其标志的使用范围、在不同广告媒介中的大小和颜色变化等都有详细规定。

（2）应用系统设计与推广。设计涵盖企业办公用品、宣传品、交通工具、工作环境等多个方面的视觉应用系统。如企业的名片、信纸、信封等办公用品应统一体现企业的视觉形象；在宣传品方面，海报、宣传册等的设计也要严格遵循视觉识别规范。

逐步在企业内部和外部的各个场所和渠道进行视觉形象的推广应用。从企业总部到各个分支机构，从线下实体店到线上官方网站和社交媒体账号，都要保持统一的视觉形象。例如，星巴克在全球各地的门店装修风格和员工制服等都保持高度一致，使消费者无论在何处都能迅速识别品牌。

任务评价

项目一　营销策划的工作流程
技能考核表

班级：＿＿＿＿＿　姓名：＿＿＿＿＿　学号：＿＿＿＿＿

评价项目		评价标准	分值	得分
职业道德		诚实严谨、遵守纪律、独立完成任务（5分）； 方案不违背职业道德与营销伦理（5分）	10	
职业能力		方法得当、思路清晰，对背景资料分析透彻、细致（5分）； 能在规定时间内完成任务（5分）	10	
卷面格式		文字编排工整清楚、格式符合要求	5	
文字表达		流畅、条理清楚、逻辑性较强	5	
具体内容	组建项目团队	团队岗位分工明确	10	
	团队理念识别策划	团队目标、理念、标语策划描述清晰，突出团队精神	20	
	团队视觉识别系统	团队名称和理念有相关性（5分）； 团队标识设计体现团队特色，美观大方（5分）； 团队标识意义描述清晰简洁（5分）	15	
	团队行为识别系统	团队行为方式符合策划工作要求（5分）； 团队行为规范符合策划工作规范（5分）	10	
创新方面		团队CIS策划有一定新意，见解独到	15	
小　计			100	

苹果标志的变迁

苹果的第一个标识由罗纳德·韦尼（Ronald Wayne）设计，标志非常复杂，是牛顿坐在苹果树下读书的图案，上下有飘带缠绕，写着 Apple Computer Co. 字样。外框上则引用了英国诗人威廉·华兹华斯（William Wordsworth）的短诗："牛顿，一个灵魂，永远孤独地航行在陌生的思想海洋中。"据说该图案隐藏的意思是，牛顿在苹果树下进行思考而发现了万有引力定律，苹果公司也要效仿牛顿致力于科技创新。

后来，乔布斯认为这一标识过于复杂，影响了产品销售，因此聘请顾问公司的罗勃·简诺夫为苹果设计一个新标志。这就是苹果的第二个标志——一个环绕彩虹的苹果图案。1976—1997 年，苹果一直使用这一标志。那么，为何这一苹果被咬掉一口呢？这或许是设计者所希望达到的效果。在英语中，"咬"（bite）与计算机的基本运算单位字节（byte）同音，因此"咬"同样也包含了科技创新的寓意。

1997 年，乔布斯重返苹果公司后重整公司，将品牌定位成简单、整洁、明确。在新产品 iMac、G4 Cube 上应用了全新的半透明塑胶质感的新标志，显得更为立体、时尚。这一次标志变化的原因是新产品都采用透明材质的外壳，为了配合新产品的质感而改变。黑色标志也几乎同时出现，大部分是出现在包装、商品或需要反白的对比色上，以配合产品的宣传。至今苹果的单色标志仍然被使用着，这也是最能体现乔布斯对苹果品牌定位的标志。

2001 年，苹果标志变为透明的，主要目的是配合首次推出的 Mac OS X 系统。这次苹果的品牌核心价值从电脑转变为电脑系统，苹果标志也跟随系统的界面风格而改变，采用透明质感。

2007 年，苹果公司推出 iPhone 手机时，也正式地将公司名从苹果电脑公司改为苹果公司。苹果采用玻璃质感的标志，是为配合 iPhone 创新地引入了多点触控（Multi-Touch）触摸屏幕技术，带来了一种全新的用户体验。

2013 年，苹果设计风格发生重大变革。乔尼艾维启动大胆革新，将 iOS 系统中的高光、阴影、晕圈等立体元素悉数抛弃，系统界面彻底变得扁平。作为设计风格的调整之一，苹果商标也发生了变化，立体元素被去除，呈现出简洁纯白的扁平效果。

其实，苹果标志的每一次变化都是核心产品的变革。苹果并不是放弃简约主义，而是品牌的核心价值在随着时代的发展而不断变化。

思考题：

（1）苹果公司为何会多次更换品牌标志？

（2）结合案例分析品牌标志对企业的发展有何作用？

项目二 营销策划职业素质培养

任务目标

1. 了解策划认识误区，树立正确的策划意识。
2. 了解作为一名合格的营销策划人员应具备的基本职业素养。

任务描述

随着营销策划行业在我国的发展越来越成熟，它对从事该行业的人员的素质要求也越来越高。要求策划人员具有扎实的专业基础、丰富的实践经验，懂得规范化经营网络媒体、国际化推广运作等。因此，本实训任务主要帮助学生了解策划认识误区，树立正确的策划意识。同时了解策划工作所具备的基本职业素质，制定职业素质培养目标和规划。

任务准备

1. 微课学习《营销策划的认识误区》《营销策划人的基本素质》。
2. 搜索并了解策划岗位招聘要求。

营销策划的认识误区

营销策划人的基本素质

引导问题	任务准备记录单
	主题：　　　　　　　　　　日期：
1. 营销策划要成功，需要哪些因素发挥作用？	
2. 模仿别人的策划方案好不好，你怎么看？	
3. 上好"营销策划"这门课，学好这个专业，是不是就可以做出好的策划？	
4. 一套完整的策划从形成策划方案，到方案执行、反馈和改进，都需要哪些部门的配合，举例说明。	
5. 思考自己今后如何提高策划方面的素质和能力。	

重点总结归纳栏

问题总结归纳栏

任务实施

一、案例阅读

故宫文创产品营销策划

2019 年 12 月 9 日，故宫文化创意馆推出了故宫首款彩妆"故宫口红"，6 款颜色均取自故宫国宝色，膏体纹饰、图案则来自后妃服饰绣品纹样，并引入 3D 打印科技，生动地雕刻出织物的纹理和刺绣的立体感，该系列上线两天 6 款颜色全部售罄，再一次证明了故宫 IP 超强的带货能力。

到 2020 年就满 600 岁的故宫，从营销角度来看，可谓一个相当有历史的老品牌了。近几年来，故宫在不断进行着品牌年轻化的革新，呈现给消费者一个既有厚重底蕴，又有"反差萌"，积极入世的潮流"网红"IP 的品牌形象。从 2013 年故宫第一次面向公众征集文创意见并举办"把故宫文化带回家"文创设计大赛起，故宫便紧跟社会化媒体的步伐，开启了品牌年轻化营销之路。

（1）社会化营销思维。

故宫文创利用微博、微信等新媒体平台进行线上社会化营销，"故宫淘宝"微博风格一向保持着历史与现代感碰撞的"反差萌"感：宫女摆剪刀手、蹙拜比心、雍正卖萌……从现代社会化和娱乐精神的角度去呈现陈旧严肃的历史人物，以深受现代年轻一代喜欢的"软贱萌"画风，持续在品牌传播方面发力；产品的策划力求好玩有趣：爆红的可以缠口红的胶带、御猫摆件、"冷宫"冰箱贴、真丝团扇、行李牌……故宫将厚重的中华优秀传统文化和消费者息息相关的日用品巧妙结合起来，并利用文创众筹的方式生产制作。对文创产品而言，众筹销售的方式更易于把控年轻消费群体的购买需求，能够按需生产，有效避免过剩积货。

（2）跨界营销思维。

2019 年 8 月，故宫文化服务中心联合农夫山泉限量推出 9 款"农夫山泉故宫瓶"，在文案和包装上十分年轻化，以瓶身为载体，让消费者在有趣的古画和文字中感受到故宫里那些真实的人间烟火，建立起情感勾连；又如故宫和亚马逊联合推出的电子书故宫文化联名礼盒及定制保护套，以"阅"动紫禁为传播主题，产品的包装风格结合经典的故宫色调与元素、中国古代的祥瑞之物，将年轻化的阅读方式与故宫的厚重文化巧妙融合。老品牌进行年轻化创新，借年轻化品牌的"粉丝经济"进行创意跨界营销，定制具备年轻群体吸引力的跨界产品，能够建立和年轻受众群体的情感连接，形成更整体全面的品牌印象，促成双赢。

（3）迭代营销思维。

文创行业这些年来的发展一直存在着很多问题和障碍，各个博物馆推出的文创产品也饱受争议，无趣、缺乏创新、不够吸引人等声音不绝于耳。而故宫凭借创意文创和优秀的网络营销实现了传扬传统文化精华与创造高增长收益的双赢，故宫文创产品摈弃了古老沉闷的艺术品风格，将历史元素和现代工艺充分融合创新，打破历史与现代的隔离，用生动有趣的创意文创产品，戳到了现代年轻人追求新奇特的点，以诙谐亲和的形象征服了消费者。

（4）平台营销思维。

故宫文创商品通过多元的合作方式让营销更加灵活。2016年，故宫先后与阿里巴巴、腾讯两大互联网巨头达成合作，阿里巴巴方面搭建了文创产品销售平台。和腾讯的合作，故宫则看重 QQ 与微信庞大的用户量，已尝试推出故宫定制版游戏，未来的 QQ 表情中将出现故宫元素，将原创 IP 通过社交软件传播。2016 年 9 月，故宫博物院还和凤凰领客文化达成战略合作，签约之后双方将充分利用故宫具有丰富历史背景、文化故事等进行创意合作，以增强现实技术（AR)、互动沉浸技术（MR)、3D 等科技手段，提升其文化价值，传播故宫文化内涵，满足公众对故宫文化认知的需求。早在 2014 年，故宫官方就推出了 3 款 App：胤禛美人图、紫禁城祥瑞、皇帝的一天。3 款 App 极具趣味，吸引了众多用户的关注。除了实体的文创产品，故宫在网络上也陆续"打"开了宫门，开发出了各类 App：每日故宫、故宫展览、清代皇帝服饰、韩熙载夜宴图、紫禁祥瑞、胤禛美人图……这些 App 都蝉联 App Store 精选榜单。

故宫博物院要改变传统的传播方式，要学会运用多种方式来传播优秀传统文化，我们要让故宫文化遗产资源活起来。作为一个博物馆，最重要的是要把文化资源真正地融入人们的生活。

二、案例剖析

1. 收集案例中涉及的文创产品的资料或其他你感兴趣的故宫文创产品的资料，分析其从产品设计到推广促销的营销策划思路与方法，以思维导图形式展示。

案例总结思维导图

2. 搜集陕西历史博物馆文创相关资料，对其营销策划方式进行梳理，完成一份分析报告。报告内容包括：

（1）陕西历史博物馆文创策划现状。

（2）故宫文创案例最值得学习的策划思路。

（3）思考老品牌如何进行年轻化的营销革新，请你为陕西历史博物馆进行一次文创产品策划。

三、汇报展示

1. 将以上案例分析的结果形成 PPT，以小组为单位进行汇报。

2. 汇报要求：

（1）时间为 5~10 分钟。

（2）汇报 PPT 时，制作内容应条理清晰、美观大方。

（3）演讲者仪态端庄、表达清晰流畅、重点突出。

操作提示

一、知识要点

随着营销策划业在我国的发展越来越成熟，它对从事该行业的人员的素质要求也越来越高。作为一名营销策划人员，必须具备以下几种基本素质，才有可能适应这个行业的复杂与多变。

第一，丰富的知识。任何一个营销策划方案，因为其涉及的对象和主题的不同，所需要的相关知识也不一样，营销策划人员经常会面临着对象和主题的变动，所以就需要具备丰富的知识。一般来说，营销策划人员需要具备的知识包括：理论知识、社会生活知识和政策法规知识。其中理论知识包括经济学、统计学、心理学、营销学、传播学等方面的知识。社会生活知识，是有关社会心理、社会风俗和社会现象等方面的知识。政策法规知识则涉及一些影响企业营销活动，而且又无法控制的政策法规等方面的知识。

第二，敏锐的观察力。在营销策划中，无论是发现问题、分析市场营销环境，还是捕捉市场机会，或是想出一个有创造性的点子，都离不开营销策划人员敏锐的观察力。敏锐的观察力，可以使营销策划人员迅速观察到一般人未注意到的情况甚至细节，能够抓住一般人熟视无睹的想象以及本质，捕捉市场机会，更加快速地找到解决问题的办法。

第三，宽广的包容心。营销策划人员需要具有宽广的视野和谦虚的态度，要善于学习和借鉴他人的长处，虚心倾听别人的意见和建议，从而博采众家之长，提高营销策划方案的质量，如果营销策划人员缺乏能容纳不同意见的气度，就会使自己陷入故步自封、刚愎自用的境地，大大降低了营销策划方案的适应性和成功率。

第四，科学严谨与创造精神。虽然在策划中，创意起到了很大的作用，往往会带来出奇制胜的效果，然而，策划业发展到今天，它已经逐渐走向科学化，营销策划，不仅仅是一门艺术，它更是科学，创意是其灵魂之石，理论是其骨骼。因此作为一种高智商的创造性活动，营销策划要求策划人员既要有科学严谨的态度，又要具备创造的精神。不仅要追求策划方案的科学性、严密性和高效性，同时还要有独特的见解和与众不同的想法，避免人云亦云，要勇于创新，求新图变。

第五，良好的表达力。这里的表达力，一方面是指形成一份营销策划书的文案表达力，另一方面是指将一份营销策划书成功推送给策划决策者和评审者的表达力。首先，一个好的策划书，文字流畅、脉络分明、表达清晰，能顾及这个策划中应该涉及的方方面面，能让人读起来就有赶快去实现它的冲动。如何写出一份优秀的策划文案，也是我们这门课要学习的重点。其次，一个营销策划书，能否成为指导未来的行动指南，最终还是取决于企业高层管理者是否接受它。因此，营销策划人员首先必须具备良好的表达能力，能够将营销策划书的内容简洁生动地传达给企业的高层管理者，以赢得其青睐。良好的表达力，要求策划人必须掌握一定的数值化技巧和图像法技巧，熟练地运用统计图表、流程图和实体模型等。

第六，执行能力。营销策划的执行和实施，需要策划人员有坚韧的意志力，排除外界的干扰，拥有处理各方面关系的沟通说服能力和协调能力，从而将营销策划书切实地贯彻下去，否则营销策划书就会沦为纸上谈兵，毫无意义。

二、任务实施要点

1. 故宫案例分析，可参考下图 1-2-1 案例分析操作步骤进行：

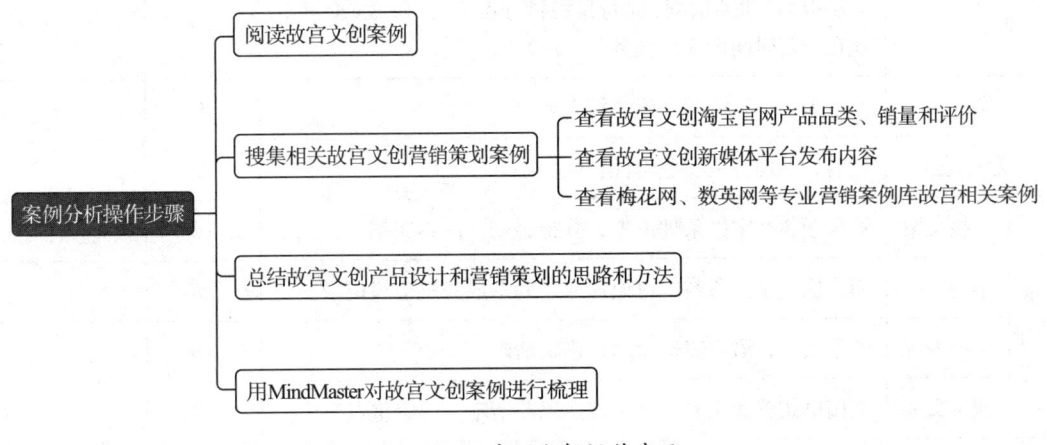

图 1-2-1　案例分析操作步骤

2.陕西历史博物馆文创产品策划可以从下图1-2-2几个方面进行描述：

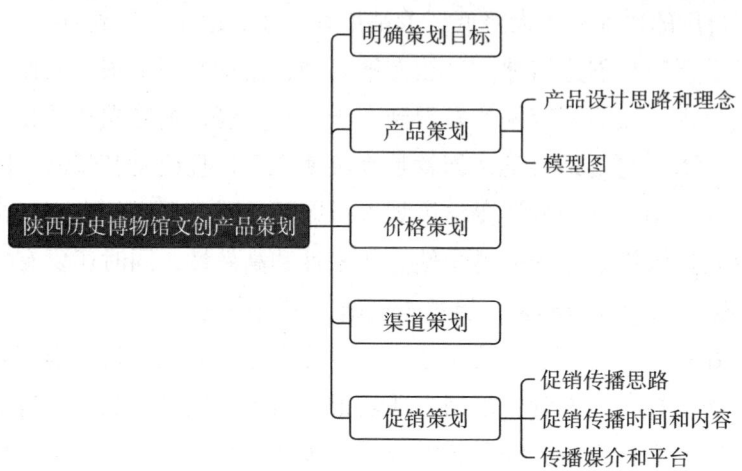

图1-2-2　陕西历史博物馆文创产品策划

任务评价

项目二　营销策划职业素质培养
技能考核表

班级：_____　　姓名：_____　　学号：_____

评价项目		评价标准	分值	得分
职业道德		诚实严谨、遵守纪律、独立完成任务（5分）；方案不违背职业道德与营销伦理（5分）	10	
职业能力		方法得当、思路清晰，对背景资料分析透彻、细致（5分）；能在规定时间内完成任务（5分）	10	
卷面格式		文字编排工整清楚、格式符合要求	5	
文字表达		流畅、条理清楚、逻辑性较强	5	
具体内容	汇报文案	不少于500字，条理清晰，分析透彻，内容完整	30	
	案例分析	团队成员全体参与，讨论深入，并形成完整会议记录	20	
	汇报表现	仪态大方，语言表达流利，逻辑清晰	10	
	演示文稿	文稿格式美观大方，文字表达思路清晰，内容重点突出	10	
小　计			100	

任务拓展

总结你对策划工作所需职业素养的认识和自我提升计划，以思维导图形式展示。

拓展阅读

心态大于技巧

宽广的包容心

营销策划人员需要具有宽广的视野和谦虚的态度,要善于学习和借鉴他人的长处,虚心倾听别人的意见和建议,从而博采众家之长,提高营销策划方案的质量,如果营销策划人员缺乏能容纳不同意见的气度,就会使自己陷入故步自封、刚愎自用的境地,大大降低了营销策划方案的适应性和成功率。

科学严谨的态度

作为一种高智商的创造性活动,营销策划要求策划人员既要有科学严谨的态度,又要具备创造的精神。不仅要追求策划方案的科学性、严密性和高效性,同时还要有独特的见解和与众不同的想法,避免人云亦云,要勇于创新,求新图变。

坚韧的意志力

营销策划的执行和实施,需要策划人员有坚韧的意志力,排除外界的干扰,拥有处理各方面关系的沟通说服能力和协调能力,从而将营销策划书如实地贯彻下去,否则营销策划书就会沦为纸上谈兵,毫无意义。

扫码关注更多案例

模块 2

营销策划的创意与方法

任务清单

项目序号	项目内容
项目一	头脑风暴
项目二	思维导图
项目三	观察力训练
项目四	联想思维训练
项目五	逆向思维训练
项目六	求同和求异思维训练
项目七	临摹创意训练

项目一 头脑风暴

■ 任务目标

1. 掌握头脑风暴的正确使用方法。
2. 学会使用"会议式"头脑风暴和"默写式"头脑风暴两种方法解决会议讨论问题。

■ 任务描述

头脑风暴是策划工作中常用到的一种思维工具，目的就是通过开会的方式对某一特定问题出谋献策，群策群力解决问题。在本任务中通过对两种头脑风暴的训练，使学生掌握正确使用头脑风暴解决策划问题的方法。

■ 任务准备

1. 微课学习《头脑风暴》。
2. 头脑风暴会议准备：圆桌、白板、A4 白纸、白板笔和签字笔。

头脑风暴

引导问题	任务准备记录单
	主题：　　　　　　　　　　**日期：**
1. 头脑风暴的实施步骤是什么？	
2. 自由畅谈阶段需要遵守哪些实施原则？	
3. 会议式头脑风暴法和635默写式头脑风暴法如何选择？	
4. 为什么头脑风暴会失效？如何避免？	

重点总结归纳栏

问题总结归纳栏

任务实施

一、明确会议讨论主题

1. 会议主题："地球一小时"活动设计。

2. 活动要求：在校园中设计一次"地球一小时"活动，安排一个环节，让大家在这一小时中，做一件既积极有益又环保的事情。

3. 会议准备：个人提前查阅相关资料进行独立思考，做好发言前心理准备。

背景资料

"地球一小时"是世界自然基金会应对全球气候变化所提出的一项全球性节能活动，提倡于每年三月最后一个星期六的当地时间晚上 8:30，家庭及商界用户关上不必要的电灯及耗电产品一小时，以此来表明他们对应对气候变化行动的支持。过量二氧化碳排放导致的气候变化已经极大地威胁到地球上人类的生存。所以公众只有通过改变全球民众对于二氧化碳排放的态度，才能减轻这一威胁对世界造成的影响。

二、确定会议主持人和参与人

1. 会议主持人选择原则：主持人要具备一定的观察力和领导力，要能够带动讨论气氛，帮助每个人从不同角度思考，鼓励大家热烈发言。

2. 参与人员选择标准：人员性格和爱好要有一定差异性。参加头脑风暴的理想人数为 5~8 人，如果成员有与主题相关的专家，最好不要过一半。越多不同领域的人才，对生产点子越有帮助，见表 2-1-1。

表 2-1-1　头脑风暴参与人员表

人员姓名	身　份	性　别	特　长

续表

人员姓名	身　份	性　别	特　长

三、召开头脑风暴会议

1. 会议式头脑风暴，其步骤见表 2-1-2。

表 2-1-2　会议式头脑风暴步骤

步骤	实施内容	操作提示
准备阶段	提出问题； 组建小组，通知会议内容、时间、地点	个人独立思考与团体思考可以先分开再整合，也就是让各自先独立思考，然后再聚集到一起开会
热身活动	可以做一些智力游戏、猜谜语、讲幽默小故事，出一道简单的练习题	活跃气氛，打破沟通障碍
正式开会	明确问题，简单明了，由主持人向大家介绍所要解决的问题	
自由畅谈	主持人坚持实施原则	会议要做好详细记录，并需遵守以下四项原则： （1）自由畅想原则； （2）严谨评判原则； （3）谋求数量原则； （4）借题发挥原则
会后收集	整理设想、提案	未达目的，重复上述过程
方案评估	评选出最佳设想、方案	

会议纪要

年第　　次

会议时间	
会议地点	
会议主题	
参会人员	
会议主持	
记录人	

会 议 内 容

2.默写式头脑风暴。

开会会议有 6 人参加,坐成一圈,要求每人在 5 分钟内在各自的卡片上写出 3 个设想(故名 635 法),然后由左向右传递给相邻的人。每个人接到卡片后,在第二个 5 分钟内再写 3 个设想,然后再传递出去。如此传递 6 次,半小时进行完毕。头脑风暴法方案表,见表 2-1-3。

表 2-1-3   635 头脑风暴法方案表

方案一	方案二	方案三

四、汇报会议结果

头脑风暴结束后,各小组将最终方案制作成 PPT 进行汇报。时间控制在 5~8 分钟。

任务评价

项目一 头脑风暴
技能考核表

班级：_____ 姓名：_____ 学号：_____

评价项目		评价标准	分值	得分
职业道德		诚实严谨、遵守纪律、独立完成任务（5分）；方案不违背职业道德与营销伦理（5分）	10	
职业能力		方法得当、思路清晰，对背景资料分析透彻、细致（5分）；能在规定时间内完成任务（5分）	10	
卷面格式		文字编排工整清楚、格式符合要求	5	
文字表达		流畅、条理清楚、逻辑性较强	5	
具体内容	会议	会议组织步骤完整，主题符合要求，氛围热烈，会议记录完整	20	
	主题	主持人与参与人根据选择标准进行选择	10	
	会议式头脑风暴	会议式头脑风暴法步骤完整，会议记录有效	20	
	默写式头脑风暴	在规定的时间内完整有效地完成方案表	20	
小　计			100	

项目二 思维导图

任务目标

1. 掌握思维导图的基本画法。
2. 学会用思维导图整理笔记、发散思维。

任务描述

思维导图的核心价值在于改变了我们以往直线式的思维定式，用一种画图的方法，锻炼人的发散性思维能力，从而开发大脑潜能，提高工作效率。它的应用价值很高，应用面也很广。通过学习思维导图，掌握正确的思维导图使用方法，能够初步运用思维导图梳理笔记、发散思维。

任务准备

1. 微课学习《思维导图》。
2. 准备画思维导图的工具——A4 白纸、草稿纸、黑色签字笔、水彩笔、铅笔、橡皮等。

思维导图

引导问题	任务准备记录单	
	主题：	日期：
1. 思维导图的优点是什么？		
2. 思维导图都可以用来做什么？		
3. 绘制思维导图的步骤？		

重点总结归纳栏

问题总结归纳栏

一、用思维导图完成微课《思维导图》的知识点梳理

二、用思维导图为自己做一份学习或生活计划

操作提示

思维导图绘制技巧

1. 绘制思维导图的纸张需要横向摆放，这样是为了视觉的放松和开阔。

2. 中心图代表中心思想，需要放在纸张对角线焦点，颜色在三种或三种以上，形象、直观、贴近中心主题，大小占据纸张的 1/9 或 1/12。中心主题词一般写在图下面。

3. 分支的作用是承载关键词和带动大脑发散思维，绘制时需要注意：主分支要和中心图相连；分支要由粗到细自然弯曲，这样可以缓解视觉疲劳；还要避免分支过于粗长以及分支之间脱节；颜色上，主次分支要一个色，主分支颜色不同且有跳跃性；在总体布局上分支间要有适当的间隔，不能挨得太近。

4. 分支上的关键词要注意：关键词字体从中心主题词到各分支依次变小，但不要太小；颜色上一般统一使用黑色；位置放在分支上方，一条分支上只写一个关键词；关键词不能写成短句，可以利用发散思维和已有材料提取关键词。

5. 画思维导图的一大禁忌就是不画关键图只有关键词。关键图的作用是提高大脑注意力、强化记忆、标记重要信息等。绘制时要注意关键图的位置应在分支关键词的旁边，或者在分支尾部或与分支相连；关键图大小不应该大于中心图，颜色应该在两种或两种以上；关键图一定要与关键词意义相关。

6. 除了手绘思维导图之外，还可以用软件绘制思维导图，例如，XMind、MindManager 等。对于初学者来说，还是推荐从手绘思维导图开始训练。

任务评价

项目二 思维导图
技能考核表

班级：_____ 姓名：_____ 学号：_____

评价项目		评价标准	分值	得分
职业道德		诚实严谨、遵守纪律、独立完成任务（5分）；方案不违背职业道德与营销伦理（5分）	10	
职业能力		方法得当、思路清晰，对背景资料分析透彻、细致（5分）；能在规定时间内完成任务（5分）	10	
卷面格式		文字编排工整清楚、格式符合要求	5	
文字表达		流畅、条理清楚、逻辑性较强	5	
具体内容	思维导图结构和意义	思维导图要素完整，包括中心图、中心词、分支、关键词、关键图；能够实现思维导图的价值	20	
	中心图	颜色三种以上，意义与主题相关，图大小合理	10	
	分支	分支线条弯曲，由粗到细，长度合适	20	
	关键词	关键词不是短句，意思表达明确	20	
小　计			100	

项目三　观察力训练

任务目标

1.了解观察力的重要性。
2.通过训练提高观察力。

任务描述

观察力是营销策划人员的基本职业能力，做好营销策划工作，离不开对市场、消费者、竞争对手与社会等的观察和研究。因此，通过对学生进行观察力测试和训练，让他们意识到观察力的重要性，并培养其对市场敏锐的观察和把握能力。

任务准备

1.进行观察力案例导入阅读。
　　阅读链接（见二维码）。
2.思考观察力的重要性。

知识点链接

1.什么是"观察力"？

如果将"观察"仅仅理解为"认真地看"，那就太不够了。"观察"包含着极丰富的内涵，我们可以较简略地理解为：用眼看、用耳听、用手摸、用身子体验、用脑筋思考。由此可知，观察是一种复杂的、多侧面和多角度的思维过程。人们认识一个事物，总是从观察开始的。有了观察，便开始了注意、记忆、思维和创造等活动。

市场营销工作，是一时一刻离不开对市场、消费者、竞争对手与社会等的观察和研究的工作。可以说，市场营销战略、策略是否得当，市场营销工作业绩的大小，很大程度上取决于对市场的观察和把握能力。

观察力强意味着别人不能看到的，你却能看到；别人看得到的，你却能比他们看得更深入、更透彻；别人从一个角度去看，你却能从多个角度去看。

2. 营销人员如何训练观察力？

观察力的敏锐程度决定了从一个人身上得到的信息的多寡。也就是说，只有敏锐的观察力才能尽可能多地将一个初次见面的客户信息更好地把握住，为日后的公关打下良好的基础。

训练如何观察一个普通人的基本方法：

要观察一个人，就要把握住这样一个顺序：从下至上。也就是说，先从他的鞋子开始观察。可能有人会问：为什么不先从他的脸开始观察呢？其实，一旦一开始就观察了一个人的脸，我们就会很容易主观地对这个人进行评价，从而影响或忽略了很多关于此人重要的信息。而从鞋子开始观察可以很好地避免这种情况。

先观察他的鞋子，鞋子如果很脏，并且近来没下雨，那说明这个人对于生活卫生方面并不怎么在意，同时也可以推测这个人在生活方面并不严谨，甚至还可以进行这样一种假设：他的性格可能就是这样的。然后再观察他的裤子，其次是衣服，最后才是脸。如果衣裤上有些褶皱或是污迹，那就可以证明上面的部分论断是正确的。同时，一个人身上的饰物也是辨认此人的主要依据。有时一个人身上的耳环、项链、戒指之类的比较个人化的东西，往往成为辨认此人的关键。接下来可以观察这个人的体格，如手臂肌肉的粗壮程度、身高体形等。在种种信息搜寻齐全之后，你就可以对这个人进行一个综合大概的评价了。

要锻炼对客户的观察力，应从身边的事物、所处的环境、人的特点着手，如你家里桌子的位置有轻微变化、你的一个新朋友的眼皮是内双的、今天路上的车辆比以往少了一点（从此你可以去推断为什么少，发生了什么）、餐厅见的某个陌生人是个左撇子、你周围的人的表情与穿着等。

观察是一种用心的行为，而非随随便便地"看"。观察一个楼梯，你可以算它的级数、高低，光是看的话，你可能只是记得：它是一个楼梯。

在初练观察力时，最好有意识地去观察。针对一个平凡的事物，你应有意地、细微地观察它所具有的特征，注意常人难以发现的地方。对比也是训练观察力的好方法，如今天的窗户上的灰尘和昨天相比有什么变化、股市的变化并推测其未来趋势。观察，不仅要注重事物的内在本质，也要注重发现事物的变化。

另外，我们还要观察人的爱好，这是人际关系第五项修炼的重要内容，即认真寻找对方的喜好和需求，全力以赴学习，投其所好，迅速地成为他的知心朋友，这样任何困难都将迎刃而解。这是人际关系的白金法则。

总之，持有一颗观察的心并付诸实践，长此以往，便可以训练出潜意识的观察能力，即对于什么事物，都会习惯性地去观察。这是一种好习惯。

任务实施

一、观察力测试

选择最适合你的一项，然后把所对应的分数加起来。

1. 进入某个单位时，你：

注意桌椅的摆放→3分；

注意用具的准确位置→10分；

观察墙上挂着什么→5分。

2. 与人相遇时，你：

只看他的脸→5分；

悄悄地从头到脚打量他一番→10分；

只注意他脸上的个别部位→3分。

3. 你从自己看过的风景中记住了：

色调→10分；

天空→5分；

当时浮现在你心里的感受→3分。

4. 早晨醒来后，你：

马上就想起应该做什么→10分；

想起梦见了什么→3分；

思考昨天都发生了什么事→5分。

5. 当你坐上公共汽车时，你：

谁也不看→3分；

看看谁站在旁边→5分；

与离你最近的人搭话→10分。

6. 在大街上，你：

观察来往的车辆→5分；

观察房屋的正面→3分；

观察行人→10分。

7. 当你看橱窗时，你：

只关心可能对自己有用的东西→3分；

也要看看此时不需要的东西→5分；

注意观察每一件东西→10分。

8. 如果你在家里需要找什么东西，你：

会把注意力集中在这个东西可能放的地方→10分；

到处寻找→5分；

请别人帮忙找→3分。

9. 看到你的亲戚、朋友过去的照片，你：

激动→5分；

觉得可笑→3分；

尽量了解照片上都是谁→10分。

10. 假如有人建议你去参加你不会的游戏，你：

试图学会玩并且想赢→10分；

借口过一段时间再玩而给予拒绝→5分；

直言你不玩→3分。

11. 你在公园里等一个人，于是你：

仔细观察你旁边的人→10分；

看报纸→5分；

想某事→3分。

12. 在满天繁星的夜晚，你：

努力观察星座→10分；

只是一味地看天空→5分；

什么也不看→3分。

13. 放下正在读的书时，你总是：

用铅笔标出读到什么地方→10分；

放一个书签→5分；

相信自己的记忆力→3分。

14. 你能记住陌生人的：

姓名→5分；

外貌→10分；

什么也没记住→0分。

15. 你在摆好的餐桌前：

赞扬它的精美之处→ 3 分；

看看人们是否都到齐了→ 10 分；

看看所有的椅子是否都放在合适的位置上→ 5 分。

你的分数：

结果分析——（见二维码）。

操作提示

1. 进行测试时根据第一反应选择答案，不要思考太久。

2. 测试结果仅作参考，不具备绝对性。

二、观察力训练

1. 商机观察与发掘。

目标：培养学生观察和发掘市场机会的能力。

程序：

（1）学生自由组合，以 2~3 人为一组，到市场上去观察、调查了解顾客及家人或朋友在日常生活中感到困难、不方便、不满意的地方或希望解决的问题，每小组发掘 10 个以上问题。

（2）给每一个问题提出解决方案。如果找不出解决方案可不写。

（3）各小组上讲台介绍自己发掘的商机，评选出优胜者。

（4）评价标准为：发掘商机数量、解决方案数量和合理性。

（5）要求：书写一份书面汇报书，并形成商机观察与发掘清单，见表 2-3-1。

表 2-3-1　商机观察与发掘清单

观察到的问题	可转化的商机	解决方案

续表

观察到的问题	可转化的商机	解决方案

2. 以 2~3 人为一组，选一家商场或超市，观察不同人群的具体购买行为。将你的观察结果整理成 PPT，进行汇报。

注意事项：

（1）明确观察目标和对象。

（2）选择人流量较大的时间段进行观察。

（3）根据观察目标和对象制作观察表进行记录。

（4）整理观察数据，进行分析总结。

3. 以 2~3 人为一组，去市场上选一种畅销商品和滞销商品进行观察分析。

注意事项：

（1）需要通过观察或调研明确该商品成为畅销或滞销商品的依据。

（2）观察以下内容：商品的特色、包装、品牌，广告宣传所选的媒体或媒体组合、广告词、诉求点，开展了什么样的促销、公关活动，选择的销售渠道、卖场商品陈列的地点、陈列的方式、各种 POP 的悬挂张贴等。

（3）将观察到的资料进行整理和分析，提出造成该商品成为畅销或滞销的原因。

（4）搜集尽可能多的相关实物。其中要有实地拍摄图片或视频素材，并对观察到的现象进行整理和分析，最终形成一份 PPT 进行汇报。

操作提示

为了达到研究目的，观察法的实施分为以下三个步骤：观察研究设计，实施观察和记录，整理与分析资料。

1. 观察研究设计。

观察法实施的第一步是根据研究目的进行观察设计，此步骤包括以下工作内容：

（1）根据研究目的确定观察中心、所需条件、观察对象，并且规定统一性标准。这是为了增强观察的客观性。

（2）探索性观察：这一工作并不在于收集资料，而是在于了解一些基本情况以便做出正确的观察计划。例如，要观察商店人流量的大小，就应在之前大致了解商店的选址，商店商品种类的多少等基本情况。

（3）修正观察目的、内容以便能更好地反映研究目的。

（4）根据修正过后的观察计划制定行动提纲。

2. 实施观察。

在观察的过程中采用适当的观察、记录技术，既可以减轻观察者的负担，又可以使观察结果达到预期目的。

（1）观察技术主要包括单向镜观察、痕迹观察、电子扫描及神秘购买者（顾客）等观察技术。其中电子扫描和神秘购买者是近几年迅速发展、普及的观察方法。单向镜观察就是指观察者通过单向镜来观察。比如在警匪片中，将疑犯放在一个安装了单向镜的房间进行审问，而其他的警察则在另一房间观察疑犯的一举一动。痕迹观察则是对被观察者使用过的剩余物品进行观察，而不是对被观察者本身进行观察。电子扫描在大型超市运用广泛。比如消费者在麦德龙里每次购买商品都会被要求出示会员证，这样麦德龙就掌握了每个会员的基本情况以及其购买偏好、购买周期等信息，从而能针对每个会员制定不同的顾客管理措施。如会员生日时麦德龙会给会员送去生日祝福等。而神秘购买者则是另一种观察技术，是指观察员不暴露其身份，以顾客的身份、顾客的心态、顾客的眼光对目标监测点的情况进行观察。

（2）观察法的记录技术包括制作观察卡片，运用代码、记忆和机械记录。

第一，观察卡片主要是对观察的基本情况进行记录，因此和调查问卷相似。但一般来说，观察卡片比调查问卷的篇幅小得多，这样便于观察者快速记录。

第二，运用代码主要是为了提高记录速度，一般情况下代码只要记录者自己知道即可。如果是这种情况，那么观察之后记录者还要对观察记录进行整理，这样才能使所有人了解观察内容；如果代码是统一规定的标准则不需要再整理。

第三，记忆对观察者本人的记忆能力要求较高。记忆是指在观察后通过回忆把所观察的内容记录下来。但是由于每个人记忆能力参差不齐，记录下来的内容可能会遗落重要的信息。

第四，机器记录则是运用一些辅助设备，如摄像机、录音机等记录观察信息。这样，相比记忆能更准确地记录所观察的信息。

3. 记录、整理与分析资料。

在这一步骤中，观察者最应该注意以下问题：

（1）观察者进行观察时不能被察觉。因为如果被观察者发现有人在观察自己，很有可能会改变其行为从而影响观察结果的真实可靠性。

（2）在填写相关观察记录时，观察者应该客观、公正地填写报告，不能掺杂主观感情。

（3）观察者在进行观察前应该熟悉本次观察的目的、流程和要求，便于在观察时能准确、快速地记录需要观察的内容。

（4）根据研究方案对相关资料进行统计分析，得出研究结论。

任 务 评 价

<h1 style="text-align:center">项目三 观察力训练
技能考核表</h1>

班级：_____ 姓名：_____ 学号：_____

评价项目		评价标准	分值	得分
职业道德		诚实严谨、遵守纪律、独立完成任务（5分）； 方案不违背职业道德与营销伦理（5分）	10	
职业能力		方法得当、思路清晰，对背景资料分析透彻、细致（5分）； 能在规定时间内完成任务（5分）	10	
卷面格式		文字编排工整清楚、格式符合要求	5	
文字表达		流畅、条理清楚、逻辑性较强	5	
具体内容	观察力测试	按照要求完成观察力测试	10	
	市场商机观察与发掘	能够观察发掘市场机会，完成清单内容，形成完整汇报书	20	
	商场或超市人群观察	明确观察目标和对象； 制作观察表进行记录； 整理观察数据，形成分析总结报告	15	
	畅销商品与滞销商品观察	实地拍摄图片或视频素材； 观察结果整理成PPT并汇报	15	
创新方面		团队观察认真实施，观察角度独到	10	
小　计			100	

项目四 联想思维训练

任务目标

1.学会使用联想思维进行发散。
2.学会使用思维导图进行联想思维。

任务描述

在营销策划领域，如果策划人员和受众缺少了联想，那么创意将会举步维艰，可以说联想思维是创意思维中最基础、最不可缺少的重要成分，是策划成功与否的重要条件之一。通过联想思维训练，拓展思维力，能够运用思维导图联想发散。

任务准备

1.微课学习《联想思维》。
2.准备思维导图工具——A4 白纸、草稿纸、水彩笔、铅笔、橡皮等。

联想思维

知识点链接

联想思维就是通过思路的连接把看似"毫不相干"的事件（或事项）联系起来，从而得到新的成果的思维过程。联想思维是发散思维的重要表现形式。

联想思维的效果与思维定式有关，不同思维定式的人进行联想的结果是不一样的，例如，当你看到"风扇"与"大楼"这两个词时，你会联想到什么呢？有些人联想的是"风扇吹向大楼"，这种联想比较合理，但太普通，不容易形成深刻的印象，而如果联想成"我拿起风扇，砸向大楼"，因为有自身的参与，会比较容易记住。可是，如果你能想象成"风扇把一座大楼吹倒"，因为情节比较离奇，是现实中不可能发生的事情，会给人留下很深刻的印象，不容易忘记，所以，最后这种联想在创意策划中是相对最有效的联想方式。

如果想要提高联想的有效性，通过刻意练习也是能做到的。比如，日本软件银行总裁孙正义认为自己的成功得益于他早年在美国留学时的"每天一项发明"。那时候不管多忙，他每天都要给自己 5 分钟的时间强迫自己想一项发明。他发明的方法很奇特：从字典里随意找三个名词，然后想办法把这三样东西组合成一个新东西。一年下来，他竟然有 250 多项"发明"。在这些"发明"里，最重要的是"可以发声的多国语言翻译机"。该项发明后来以 1 亿日元的价格卖给了日本夏普公司，为孙正义赚到了创业的资金。这里，孙正义所用的就是强迫联想法。

通过图形、概念、声音等联想训练，可以充分展开想象的翅膀，打破思维定式的约束，发挥具象与抽象的想象与联想能力。

一、图形的联想与想象

图形联想与想象是形式逻辑的主要内容，也是高职院校学生最容易理解和接受的思维训练方法。图形联想与想象注重视觉对象与周围环境关系的处理。这种视觉选择性与视觉对象的转化关系，在现代视觉科学中称为图（视觉对象）地（周围环境）反转。

最早研究图地转化关系的鲁宾（E.Rubin），其著名的"Rubin 之杯"图形表现的是在一个长方形画面中画着一只对称的白色杯，如果仔细观察杯子的左右黑色部位，则会发现是相对着的两人侧面像，见图 2-4-1。随着视觉的转换，杯和人的侧面像相互交替出现，形成特殊的画面。图地反转变化的理论强调了人们的感觉不是孤立存在的，要受到周围环境的影响。

因此，利用这个方法加以训练，有助于丰富我们的图形想象力。在此基础上，要求被训练者表达出与众不同、具有独创性的见解。在视觉创意思维领域里，这样的训练是培养人们充分发挥创意想象力而进行创作所必不可少的环节之一。

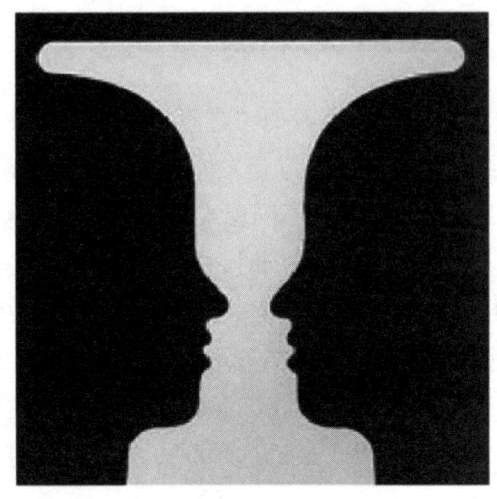

图 2-4-1　Rubin 之杯

二、概念的联想与想象

抽象概念的思维与图形具象的思维只是思维对象不同，而思维的逻辑路径是一样的。同样，抽象概念思维中的想象离不开联想这个思维过程，联想是通过赋予若干概念之间一种微妙的关系，从中展开想象而获得新的概念的思维过程。例如，提到"速度"这个概念，人们头脑中会闪现出呼啸而过的飞机、奔驰的列车、自由下落的重物等，随之还会产生"战争""爆炸""闪光""粉碎"等一系列联想，这些联想引导我们去体验它的力度、色彩和线条的组合。

当然，人们在日常生活中对事物产生的印象并不能完全用图形和概念去严格划分，而往往是交织在一起，形成了特有的印象，即知觉和感觉的融合。此时思维速度更快、更丰富。例如，选取自然界中的一片树叶作为创作题材，通过观察、思考和一系列的联想，可以创作出众多别具特色的艺术造型。比如，由叶产生图形的联想，如手、花、小鸟和山脉等；由叶的质感产生概念的联想，如轻柔、爽逸、润泽、生命、旋转和甜美等，见图 2-4-2。

三、声音联想

声音联想训练的素材包括：声音本身的特质，如音色、音质、音量等，例如，人的声音低沉，我们可能会联想到这人很沉稳；尖高的声音可能联想到紧急、恐惧等情景；谐音或译音，汉字的形声字特点，使各种创意在声音的联想上更富于表现性。例如，在广告文案创作中常常用到谐音"仿词"的手法，对强化受众对商品的记忆十分有效；韵律联想法，也叫节拍联想，或是旋律联想，节奏感可以帮助我们记忆时获得提示。

图 2-4-2　叶子的联想

　　虽然联想思维的形式往往是快速闪现或是模糊不清的，但创意人却能够在创意的过程中及时捕捉从而使其成为清晰的视觉或知觉形象。之所以能产生如此效果，就是因为人们记忆中的许多片段通过联想形式进行了逻辑衔接，转换为更多、更复杂、更多方向发散的新概念。因此，加强主动的、有意识的联想训练，能够积极且有效地促进人的记忆与思维。

任务实施

一、自由联想训练

　　随便找一个词汇起头，在规定的时间内快速联想，要求想到的词组概念越多越好。这是训练思维联想的速度。

　　1. 请在 1 分钟内写出由"杯子"联想到的词，不少于 10 个。

　　_____

　　_____

　　2. 请在 1 分钟内尽可能多地说出形容"美"的词。

　　_____

　　_____

二、强制联想训练

　　随机找两个不相关的事物，要求尽可能多地想出它们之间的相关联系或相同点，例如，大海、羽毛球有什么联系，有哪些相同点等，这种训练可以帮助我们提高大脑思维的跨度。

1. 请分析鸡蛋和宇宙有哪些联系？（10 个联系／3 分钟）

_____

_____

_____

2. 请分析管理和绘画有哪些相同之处？（10 个相同点／3 分钟）

_____

_____

_____

三、形象思维联想

通过视觉形象刺激人们联想到另一些事物或概念，加深印象促进记忆，可用于商业视觉营销策划中。

1. 下图 2-4-3 中 3 个图形是由不同直径组成的圆环，看看能想象出哪些物品。

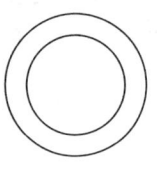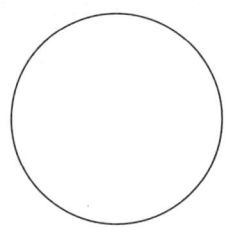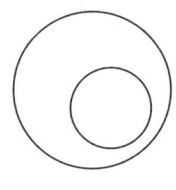

图 2-4-3　圆环图形的联想

2. 猜字游戏。

各个团队选一位同学用自己的体姿做出表示汉字的姿势，让团队其他成员猜，每队 5 个字，猜对一个加 2 分。

四、以"安全"为题，进行概念联想

安全的物体，比如：安全帽、_____

与安全相关的概念，如踏实、_____

从上述联想出的元素中，挑选出适合作为汽车广告的元素，进行广告文案的创作。

五、听一段录音，进行联想，用 5 分钟时间，写出一个片段或故事

声音素材

创作区

六、利用思维导图进行联想训练

在手表和白云之间建立联想，写一句手表的广告语。

要求: 用思维导图对"手表"和"白云"进行发散，并找到联系点，完成广告文案创作。

思维导图发散区

广告文案: _____

任务评价

项目四 联想思维训练
技能考核表

班级：_____ 姓名：_____ 学号：_____

评价项目		评价标准	分值	得分
职业道德		诚实严谨、遵守纪律、独立完成任务（5分）；方案不违背职业道德与营销伦理（5分）	10	
职业能力		方法得当、思路清晰，对背景资料分析透彻、细致（5分）；能在规定时间内完成任务（5分）	10	
卷面格式		文字编排工整清楚、格式符合要求	5	
文字表达		流畅、条理清楚、逻辑性较强	5	
具体内容	微课学习《联想思维》	按照要求完成微课学习	5	
	自由联想训练	10个联想词／1分钟	10	
	强制联想训练	根据给出的内容在规定的时间内完成训练	15	
	形象思维联想	视觉形象刺激联想事物（10分）；猜字（5组，每组2分）	20	
创新方面		广告文案新颖别致，思维导图清晰美观	20	
小　计			100	

项目五　逆向思维训练

任务目标

学会使用逆向思维解决问题。

任务描述

在营销策划行业，为了追求独创性，逆向思维往往能带来新奇的策划效果，尤其是在某一领域出现较多创意相似的情况时，我们不妨尝试与传统相反的方向，但这一方式同样需要把握尺度，求异是手段，但不是目的，需要结合市场背景和策划的主要目的进行。因此，通过逆向思维的训练打破学生的惯性思维，学会反向思考问题。

任务准备

1. 微课学习《逆向思维》。
2. 了解逆向思维案例。

逆向思维

知识点链接

正向思维是按照逻辑顺序、时间顺序或者事物与认识发展的自然进程进行的常规思维；而逆向思维是从与正向思维对立、相反的方向进行的非常规思维。正如艺术大师毕加索所说："别人看到已存在的事实，问为什么；我看到不存在的可能，问为什么不。"这样的逆向思维习惯，帮助他总有新奇的艺术视角，完成有别于常人的作品。在营销策划行业，为了追求独创性，逆向思维往往能带来新奇的策划效果，尤其是在某一领域出现多数创意相似的情况时，我们不妨尝试与传统相反的方向，但这一方式同样需要把握尺度，求异是手段，但不是目的，需要结合市场背景和策划的主要目的进行。

开发"积善梳"，把梳子卖给和尚的创意，如图 2-5-1 所示，就是运用逆向思维法的杰作。按照常理我们会认为把梳子卖给和尚简直是荒唐之举，因为和尚对梳子根本就没有需求，然而通过逆向思维分析，我们会发现和尚对梳子并不是完全没有需求，而只是对梳子本身没有功能上的需求罢了。只要采取一定措施，把和尚的其他需求与梳子联系起来，就能把梳子卖给他们，这样以"积善行善"为诉求的"积善梳"的创意就产生了，可见，进行有效的逆向思维不仅能使我们获得新奇的创意方案，而且也能提升我们创业成功的概率。

图 2-5-1　给和尚卖梳子

要想运用好逆向思维，我们还需要在以下几个方面多加注意：

第一，要有进行逆向思维的习惯和意识。逆向思维是对常规思维的一种颠覆，它要求我们必须从全新的思维角度去认识和分析问题，然而常规的思维模式和方法对我们的影响，却是根深蒂固的，因此，要想克服它们，我们只有通过进行有意识的训练才能实现。

第二，要善于从最不可能的情况中寻找解决方案。很多情况下，逆向思维都是在那些看似不可能的情况下进行的，如果是正常情况的话，那也就不需要再进行逆向思维了，依靠常规思维就能解决问题。我们常说"最危险的地方也是最安全的地方"，这就是逆向思维的一种体现，从最不可能的情况中寻求可能，是逆向思维方法的要旨所在。比如，某时装店的经理不小心将一条高档呢裙烧了一个洞，其身价一落千丈。如果用织补法补救，也只是蒙混过关，欺骗顾客。这位经理突发奇想，干脆在小洞的周围又挖了许多小洞，并精于修饰，将其命名为"凤尾裙"。一下子，"凤尾裙"销路顿开，该时装商店也出了名。一个本是问题的"小洞"通过逆向思维却变成了新的设计并带来了可观的经济效益。这就是从最不可能的情况中寻求了可能。

第三，熟悉和掌握逆向思维的途径和方式，我们只有对各种逆向思维的方式比较了解，才能灵活有效地运用它们，逆向思维的方式有多种，既可以是直接的反转型逆向，也可以是转换型的逆向。

所谓直接的反转型逆向思维，是指从已有事物的相反方向出发，通过逆向思维来引导创意的构思。例如，1901 年，伦敦举行了吹尘器的表演，它用强大的气流将灰尘吹走。吹尘器除尘后，地面是干净了，可吹起的灰尘却呛得人透不过气来。一位设计师却由此联想如果反过来"吸尘"是否可行呢？不久，一个简易的利用负压的"吸尘器"诞生了。我们今天使用的真空吸尘器，就是根据这一原理设计的。

转换型的逆向则是通过对原有求解思路的悖逆和转换，来寻求新的更适合地解决问题的方法。例如，历史上被传为佳话的司马光砸缸救落水儿童的故事，实质上就是一个用转换型逆向思维法的例子。把不能爬进缸中救人的手段转换为破缸救人，进而顺利地解决了问题。

■ 任务实施

一、脑洞题训练

1. 怎样说服因纽特人买冰箱？

我设想的方案是：_____

2. 怎样说服盲人买电视？

我设想的方案是：_____

3. 怎样说服聋哑人买音响？

我设想的方案是：_____

4. 怎样说服乞丐掏钱？

我设想的方案是：_____

二、逆向思维案例

美国艾士隆公司董事长布希耐某日到郊外散步，看到几个孩子在玩一只异常肮脏丑陋的昆虫，简直到了爱不释手的地步。布希耐意识到，一些丑陋的玩物在部分儿童心理上占有位置，于是他机敏的头脑产生一股灵感，促使他自己的公司研制一套"丑陋玩具"，迅速向市场推出。这一炮果然打响，而且导致美国掀起行销"丑陋玩具"的热潮。

从此，艾士隆公司开发的这类新品种都卖了很好的价钱。例如，"疯球""粗鲁陋夫"，以及臭得令人作呕的"臭死人""狗味""呕味人"售价也超过正常玩具。出乎人们预料的是，这些玩具问世以后一直畅销不衰，其中仅"疯球"一种迄今已销售600万个。"丑陋玩具"给艾士隆公司带来的收益使同行们羡慕不已。

通过对以上案例思考至少想出两个逆向思维的营销案例，并进行简要分析。

任务评价

项目五　逆向思维训练
技能考核表

班级：_____　　姓名：_____　　学号：_____

评价项目		评价标准	分值	得分
职业道德		诚实严谨、遵守纪律、独立完成任务（5分）；方案不违背职业道德与营销伦理（5分）	10	
职业能力		方法得当、思路清晰，对背景资料分析透彻、细致（5分）；能在规定时间内完成任务（5分）	10	
卷面格式		文字编排工整清楚、格式符合要求	5	
文字表达		流畅、条理清楚、逻辑性较强	5	
具体内容	微课学习《逆向思维》	按照要求完成微课学习	10	
	脑洞训练	按照要求完成脑动训练任务	20	
	逆向思维的营销案例分析	按照要求完成2个逆向思维案例分析内容，发表见解	25	
	创新方面	逆向思维案例分析内容的见解一针见血，观点独到	15	
小　计			100	

 **求同和求异思维训练**

任务目标

1. 理解求同和求异思维逻辑解析图。
2. 学会使用求同与求异创意思维组合解决实际问题。

任务描述

　　求同与求异思维是创意思维过程中相辅相成的两个方面。在创作、创意思维过程中，以求异思维去广泛搜集素材，自由联想，寻找创作灵感和创作契机，为创意创造多种条件，然后运用求同思维对所得素材进行筛选、归纳、聚类、概括、判断等，从而产生正确的创意和结论。因此，通过求同求异思维训练，使学生能够产生新的认识和创意思路。

任务准备

1. 微课学习《求同思维与求异思维》。
2. 准备训练工具——A4 白纸、草稿纸、水彩笔、铅笔、橡皮、电脑。

求同思维与求异思维

求同和求异思维，用一个形象的比喻，就是以人的大脑为思维的中心点，求同思维模式是从外部聚合到这个中心点去，求异思维是从中心点向外发散出去。

一、求同思维

所谓求同思维，就是将感知到的对象、搜集到的信息依据一定的标准"聚集"起来，探求其共性和本质特征。求同思维的运动过程中，最先表现出的是处于朦胧状态的各种信息和素材，这些信息和素材可能是杂乱的、无秩序的，其特征也并不明显突出，但随着思维活动的不断深入，主题思路渐渐清晰明确，各个素材或信息的共性逐渐显现出来，成为彼此相互依存、相互联系且具有共同特征的要素，焦点也逐渐地聚集于思维的中心，使思维的目标逐渐地完善起来。

求同思维的关键在于异中求同，如果你能在事物间找到它们的结合点，往往就能够把不同的事物组合起来。一般情况下，组合后的事物所产生的功能和作用，并不简单地等于原先几种事物的相加，而是出现了新的性质和功能。在市场营销领域的"跨界营销"就是运用了这种思维，在不同品牌中找到共同的联系点并组合在一起产生叠加效应。

例如，2020年3月，拉面说联合999感冒灵推出"暖心鸡汤"联名礼盒，见图2-6-1。"暖心鸡汤"联名礼盒包含虫草花鸡汤和草本猪肚鸡两款鸡汤拉面，还赠送了手机防滑贴、简易手账本、茶包等小礼物，这些暖心的小物件都为消费者提供了一剂"治冷良方"。除此之外，其包装设计也真的像一盒感冒药一样，让人倍感新奇有趣。

图 2-6-1 拉面说和 999 感冒灵的跨界合作

999 感冒灵对于大部分用户来说，可以说是再熟悉不过。它给人的第一印象除了感冒药之外，还有一种充满温情与关爱的品牌形象。拉面说选择与 999 感冒灵合作，以传递温暖为二者的结合点，一方面借助 999 感冒灵的国民认知度提升拉面说的品牌认知度，另一方面也利于在受众心中建立起"暖胃又暖心"的品牌形象认知。

二、求异思维

求异思维是从思维的中心点向外辐射发散，产生多方向、多角度地捕捉创作灵感的触角。如果把人的大脑比喻为一棵大树，人的思维、感受、想象等活动促使"树枝"衍生，"树枝"越多，与其他"树枝"接触的机会越多，产生的交叉点（或者叫突触）也就越多，并继续衍生新的"树枝"，结成新的突触。如此循环往复，每一个突触都可以产生变化，新的想法也就层出不穷。人类的大脑在进行思维活动时，就是依照这种模式进行思维活动的。人们每接触一件事、看到一个物体，都会产生印象和记忆，接触的事物越多，想象力越丰富，分析和解决问题的能力也就越强。

这种思维形式不受常规思维定式的局限，综合创意的主题、内容、对象等多方面的因素，以此作为思维空间中一个个中心点，向外发散吸收诸如传统文化、现代文化、艺术风格、民族习俗、社会潮流等一切可能借鉴吸收的要素，将其综合在自己的创意思维中。

三、求同与求异思维的组合

求同思维与求异思维是创意思维过程中相辅相成的两个方面。在创作、创意思维过程中，以求异思维去广泛搜集素材，自由联想，寻找创作灵感和创作契机，为创意创造多种条件，然后运用求同思维对所得素材进行筛选、归纳、聚类、概括、判断等，从而产生正确的创意和结论。

这个过程也不是一次就能够完成的，往往要经过多次反复，求异—求同—再求异—再求同，二者相互联系，相互渗透，相互转化，从而产生新的认识和创意思路。

任务实施

一、求同思维训练

1. 找出表 2-6-1 求同思维训练中元素 3 个层次的共同点，并填写到空白框中。

表 2-6-1　求同思维训练

元　素	都是什么?	都与什么有关?	可以组合成什么?
绿树			
粮食			
空气			
野生动物			
自行车			

2. 找出书店和某品牌眼镜的共同点，并为眼镜创作一段广告文案。

二、求异思维训练

请从功能、原理、结构、制造、使用、性能、维护、价格、时尚、美感等 10 个方面对以下事物利用思维导图进行发散思考。

筷子、防晒衣、垃圾桶。

三、求同与求异思维的组合训练——寻找创业项目

某个女同学想自主创业，希望从事自己喜欢的行业。到底做什么好呢？请帮她创意。她超喜欢"玩电脑"，她热爱大自然，特别喜欢鸟类，见图 2-6-2。采用求异和求同的创意思维帮助她寻找创业的方向。

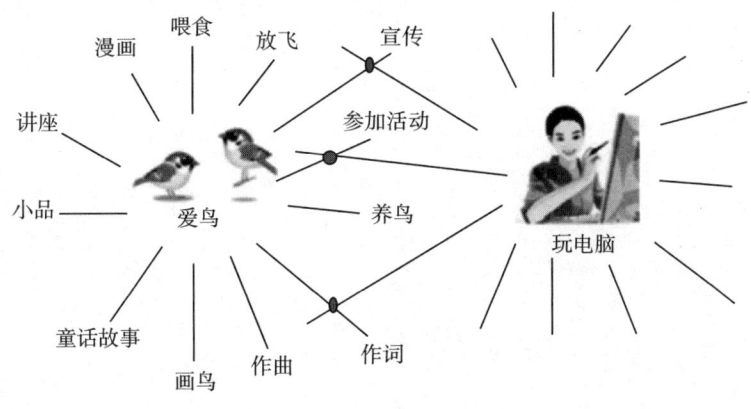

图 2-6-2　喜欢"玩电脑"，热爱大自然，喜欢鸟类

■ 操作提示

　　首先，求异的发散思维。我们通过自由联想将爱鸟种种方式和内容列出来，同样将玩电脑的各种方式和内容列出来；其次，求同的聚类思维。例如，喜欢玩博客和宣传的交叉点，可以建立爱鸟人微博群，聚集人气以后，成为其他商家广告的媒介。

　　针对另外两个交叉点的创意思维，请各团队进行头脑风暴后，派代表上台讲解交流。

项目六　求同和求异思维训练
技能考核表

班级：_____　　姓名：_____　　学号：_____

评价项目		评价标准	分值	得分
职业道德		诚实严谨、遵守纪律、独立完成任务（5分）；方案不违背职业道德与营销伦理（5分）	10	
职业能力		方法得当、思路清晰，对背景资料分析透彻、细致（5分）；能在规定时间内完成任务（5分）	10	
卷面格式		文字编排工整清楚、格式符合要求	5	
文字表达		流畅、条理清楚、逻辑性较强	5	
具体内容	微课学习《求同思维与求异思维》	按照要求完成微课学习	10	
	求异的发散思维	按照要求完成训练	20	
	求同的聚类思维	按照要求完成训练	20	
创新方面		具备新的认识和创意思路	20	
小　计			100	

项目七 临摹创意训练

任务目标

学会使用临摹创意方法进行方案策划。

任务描述

临摹是一种学习创意的方法，通过大量的临摹练习，身体力行，得到接近真实的实操体验。通过临摹优秀作品的训练，使学生能够快速进入策划的状态，学会总结策划规律。

任务准备

1. 微课学习《临摹创意——创意初学者的必经之路》。
2. 网络环境稳定的机房或移动设备。
3. 下载安装 WPS 最新版办公软件。

临摹创意——创意
初学者的必经之路

知识点链接

创造教育理论认为，创造的规律具有普遍意义，创造方法也可以模仿学习，因此，从学习角度讲，临摹是一种学习创意的方法，通过大量的临摹练习，身体力行，得到接近真实的实操体验。最终检验临摹的标准不是作品有多么接近原作，而是学习的过程，以及能否通过学习来超越前人，我们会在此过程中向大师们致敬，见贤思齐，但这些作品并不带有我们自己的创意DNA，直到我们站在前人肩上，创作出带有自己独立构思的作品，才是最后圆满的结果。

文案写作中一般的路径是：第一步，品评赏析别人的作品；第二步，临摹别人的作品；第三步，文案作品的创作与执行。没有大量的积累和学习很难创作出高水平的原创作品。

临摹不能只学到皮毛，因此，要注意学习方法，韩愈曾经说过，"师其意，不师其辞"，临摹的不仅是作品本身，更重要的是从作品中学习原创者的思路和方法，掌握产生创意的规律，这样才能起到举一反三，触类旁通的作用。

在营销策划的临摹训练中，在欣赏经典创意作品、借鉴前人创意思路的基础上，我们可以经常性地尝试这样的练习，思考并回答以下问题：

他是怎么想的？

如果我来完成，可以怎么做？

如何针对当下的市场背景、消费者、媒介环境等进行改变？

换种媒体如何策划？

换个角度或换个品类，比如，这个成功作品的思路能否用到另一个产品广告中，如果不能该如何重新策划？

换一类诉求对象，比如，转向更年轻的群体或转向另一个地区甚至另一个国家该如何策划？

这个系列作品该如何创作？

按照以上建议多去尝试临摹优秀的作品，你将会逐渐掌握策划的规律，同时也会找到自己的创意路径。

任务实施

一、文案临摹练习

训练 1：产品推广文案。

目标产品：一款智能手环。

参考文案："时尚与智能并存，掌控生活的每一步。我们的智能手环，不仅记录你的健康数据，更是你日常生活的贴心助手。"

你的任务：为这款智能手环创作一段吸引人的推广文案，突出其特点和优势。

训练2：活动宣传文案。

目标活动：一场新年音乐会。

参考文案："音符跳跃，激情四溢。这场音乐会，带你穿越时空，感受音乐的魅力。不容错过的音乐盛宴，等你来加入！"

你的任务：为这场音乐会创作一段引人入胜的宣传文案，激发人们的参与欲望。

训练3：品牌故事文案。

目标品牌：一家手工皮具品牌。

参考文案："传承匠心，打造经典。我们坚持手工制作，只为传承那份对皮具的热爱和执着。每一件作品，都是我们对品质的追求和坚持。"

你的任务：为这个手工皮具品牌创作一段感人的品牌故事文案，展现其独特魅力和价值。

训练4：节日祝福文案。

目标节日：端午节。

参考文案："月圆人团圆，中秋佳节至。愿你与家人共度美好时光，品尝月饼的香甜，感受团圆的温馨。"

你的任务：为端午节创作一段温馨的节日祝福文案，传达节日的喜悦和祝福。

通过完成这些训练题，你可以锻炼自己的文案创作能力，提高语言表达和修辞技巧。记得在创作过程中，尽量保持文案的简洁明了、富有感染力和吸引力，以更好地传达信息和引起共鸣。

进行文案临摹训练，可以帮助你提升文案写作的技巧和表达能力。以下是一些建议，帮助你有效地进行文案临摹训练：

第一，选择优秀的文案样本。你需要找到一些优秀的文案样本作为临摹的对象。这些文案可以是广告文案、宣传语、社交媒体帖子等，它们应该具有吸引力、表达清晰且富有感染力。

第二，深入理解样本。在临摹之前，先仔细阅读并理解你选择的文案样本。分析它的语言风格、表达方式、修辞手法和主题思想。这样可以帮助你更好地理解作者的创作意图和技巧。

第三，模仿写作。在理解样本的基础上，尝试模仿其语言风格、句式结构和修辞手法进行写作。尽量保持原文的韵味和风格，同时加入自己的理解和创新。

第四，比较与反思。完成临摹后，将你的作品与原文进行对比。找出你作品中的优点和不足，并思考如何改进。反思自己在临摹过程中的收获和体会，以便在未来的写作中更好地运用这些技巧。

第五，多样化练习。除了临摹优秀的文案样本外，你还可以尝试临摹其他类型的文本，如散文、诗歌、小说等。这样可以帮助你拓宽写作视野和技巧，提升综合写作能力。

第六，持续学习与提高。文案临摹训练是一个持续的过程，你需要不断地学习和提高。通过阅读优秀的文案作品、学习写作技巧和方法、参加写作课程等途径来不断提升自己的写作水平。

临摹不是简单地复制粘贴，而是要通过模仿来提高自己的写作能力和技巧。在临摹的过程中，要保持创新和思考，将所学的知识和技巧融入自己的写作中。

二、案例临摹

训练 1：百事可乐推出的迷你罐装饮料这一系列广告使用了"大"与"小"的对比创意，表现这种小型罐装饮料的低热减肥性能，见图 2-7-1。你认为这种"大"与"小"比较的方式还可以在其他哪些产品或服务中应用？请举例说明。

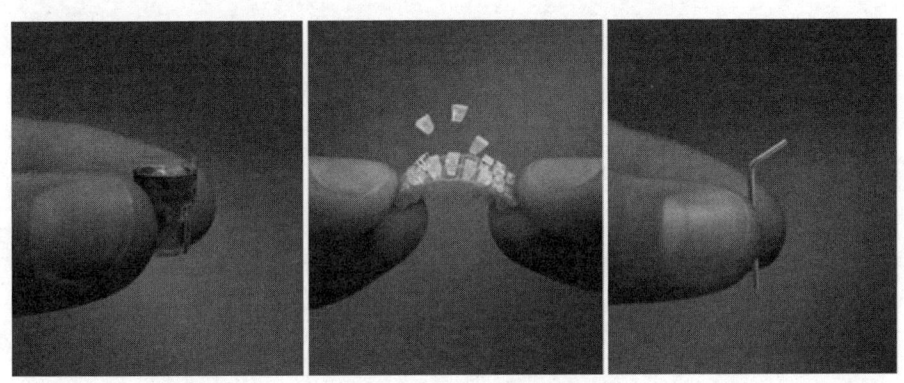

图 2-7-1　百事可乐迷你罐装广告

训练 2：

步骤一：找一个你近期看过的优秀营销创意案例，并进行分析，写一段不少于 500 字的分析报告。其中必须（不限于）包括品牌调性、产品特点、营销目标、传播主题、营销策略、传播媒介、传播效果等。

步骤二：查阅"创意星球学院奖"策略单中的品牌和产品，选择一个品牌，依照"临摹创意训练法"临摹步骤一的创意方法，完成创意策划。

操作提示

如何进行营销案例的临摹？

第一，选择一个成功的营销案例是关键。你可以从行业内的知名品牌、经典广告或者新兴的创新营销活动中挑选。请大家注意，选择的案例要与你的产品或服务有一定的关联性，这样才能更好地借鉴和应用。

第二，对选定的营销案例进行深入剖析。从目标市场、消费者需求、产品特点、竞争环境等多个角度进行分析，了解案例成功的关键因素。你可以将案例的各个环节进行拆解，观察它们是如何相互衔接、形成整体的。

第三，结合你的产品或服务特点，尝试将案例中的成功元素应用到你的营销活动中。你可以从策略、创意、执行等多个层面进行借鉴和创新。当然，这并不意味着完全照搬，而是要根据实际情况进行灵活调整和优化。

第四，制订详细的营销计划并付诸实践。在执行过程中，不断观察效果、收集反馈并进行调整。同时，你也可以通过与其他营销人员交流、学习行业知识等方式来不断提升自己的营销能力。

任务评价

项目七 临摹创意训练
技能考核表

班级：＿＿＿＿　　姓名：＿＿＿＿　　学号：＿＿＿＿

评价项目		评价标准	分值	得分
职业道德		诚实严谨、遵守纪律、独立完成任务（5分）；方案不违背职业道德与营销伦理（5分）	10	
职业能力		方法得当、思路清晰，对背景资料分析透彻、细致（5分）；能在规定时间内完成任务（5分）	10	
卷面格式		文字编排工整清楚、格式符合要求	5	
文字表达		流畅、条理清楚、逻辑性较强	5	
具体内容	微课学习《临摹创意——创意初学者的必经之路》	按照要求完成微课学习	10	
具体内容	文案临摹练习	根据产品推广文案、活动宣传文案、品牌故事文案、节日祝福文案等训练完成文案临摹练习，可以独立完成对应主题文案撰写	20	
	"大"与"小"比较的方式训练	能够找出生活中的产品或服务中关于"大"与"小"的应用对比并进行分析	20	
创新方面		临摹优秀作品做到准确与独到	20	
小　计			100	

模块 3

营销创意文案策划专项训练

任务清单

项目序号	项目内容
项目一	整合营销策划
项目二	广告策划
项目三	公关策划
项目四	促销策划
项目五	新媒体文案策划

项目一 整合营销策划

任务目标

1.掌握整合营销策划书的格式与内容。
2.具备方案的阐述能力与答辩能力。
3.能够根据市场实际对方案进行论证与分析。

任务描述

整合营销策划是通过对全局的考虑,合理安排各种营销活动和各种营销工具的使用,使整个营销活动处于有组织、有秩序的状态,发挥整体营销的力量,达到最好的效果。本项目任务从荆楚乡村文化旅游节案例分析开始,通过深入学习该案例整合营销的思路和方法,进而应用到对本土乡村旅游文化资源的调研和策划中。从整合营销出发,体会到"集中力量办大事"的思想要义,同时要夯实创新的基础,又必须具备脚踏实地、持之以恒、勇于实践、勤于思考的精神,着力扩大本土文化和旅游品牌影响力,着力促进形成乡村文化和旅游消费市场,助力乡村振兴、建设美丽乡村。

任务准备

1.微课学习《整合营销策划的内涵》《整合营销策划的总体思路》《营销策划书的结构》《营销策划书的技巧》。
2.网络环境稳定的机房或移动设备。
3.下载安装 WPS 最新版办公软件。

整合营销策划的内涵

整合营销策划的
总体思路

营销策划书的结构

营销策划书的技巧

引导问题	任务准备记录单
	主题： 日期：
1. 整合营销传播的概念，应该注意其中哪两点？	
2. "90后李宁"失败的原因是什么？	
3. 为什么要整合各种传播手段塑造一致形象？其中"各种手段"具体指的是什么？	
4. "策划一条龙"是什么？	
5. 内外部环境分析的思路是什么？	
6. 策划思路确定主要是明确什么？	
7. 策略与技巧设计中，营销策略指什么？	

8. 策划书写好后, 是否要不折不扣地去执行?	
9. 营销策划书的结构有几大部分? 分别是什么?	
10. 正文部分包括几个方面, 分别是什么?	
11. 总结营销策划书的写作技巧。	

重点总结归纳栏

问题总结归纳栏

■■ **任务实施**

一、策划案例分析"荆楚乡村文化旅游节"

1. 查阅案例（见二维码）。

2. 将案例的策划思路梳理成思维导图。

3. 评价该案例中的资源整合情况，提出优点和不足。

二、完成实训项目

1. 实训背景。

陕西农耕文明源远流长，作为农业大省，陕西已成为特色现代农业发展的一片沃土。品牌化是农业现代化的重要标志，是建设农业强省的重要驱动力。为响应国家"乡村振兴战略"号召，本次实训主题为"推广农业品牌，助力乡村振兴"，要求以陕西农产品地理标志品牌为推广策划对象，创新策划通过新颖的商业模式，整合各种传播资源和平台，推广陕西农产品地理标志品牌。旨在助力陕西品牌做大做强做优，进一步推动全省农业产业高质量发展，同时增强青年学子对陕西品牌的理解力和参与度，提升创业策划实践能力。

2. 实训要求。

要坚持以社会主义核心价值观为引领，以党中央、国务院关于品牌发展的决策部署为指导，突出国货产品和流行元素的融合发展，深入挖掘各类国货品牌资源，整合各种传播资源，突出利用新媒体、设计新模式，塑造陕西国货品牌新形象、扩大品牌影响力、提升品牌溢价，助力陕西国货品牌高质量发展。应保证策划作品的原创性、创新性和可实施性。

3. 实训流程。

步骤一：组建策划团队，进行任务分配。

步骤二：确定策划品牌，要求选择陕西本土农产品品牌，不限产品类型。

步骤三：进行品牌市场调研，完成一份调研报告。

步骤四：策划团队进行头脑风暴，以思维导图形式总结方案探讨结果。

步骤五：完成品牌推广策划方案撰写，可参考表 3-1-1 策划方案结构模板进行写作。

表 3-1-1　策划方案结构模板

序号	模块	操作说明
1	内容提要	在整个营销策划做完以后进行撰写，要求： 第一，内容提要是整个策划书的高度概括，表述简洁，主要包括策划对象、策划目的、策划主题和思路； 第二，字数不要超过一页，核心要点和创新点可用特殊字体和颜色进行标注，以便引起读者的注意
2	市场环境分析	第一，根据研究目标和具体情况选择有必要分析的要素，重点对竞争者、消费者、企业内部环境进行分析； 第二，宏观环境分析可采用 PEST 模型； 第三，环境分析结束后，可用 SWOT 工具做环境分析总结，依此做出下一步营销战略策划（STP）
3	营销策略提案	第一，提出传播主题（或称为"概念"，即一个词或一句话概括出要传递的核心信息或诉求点）。要求概念简洁有力且具有差异化； 第二，营销策略提案要做到思路清晰且具有说服力。可根据方案实际情况选择合适的信息模型
4	创意设计提案	主要针对方案中的创意设计进行具体的说明和样板展示，要求： 第一，微电影、短视频等视频类创意要写出创意脚本； 第二，平面广告需要设计出样本并进行创意说明； 第三，其他类型均需要有样本展示和创意说明
5	媒介投放提案	主要是根据目标用户的触媒习惯做出行之有效的媒介排期策略
6	费用预算	用表格形式将营销策划方案的费用进行科学合理的规划

步骤六：成立由教师、企业专家、学生代表组成的评审团。

步骤七：完成策划案的汇报 PPT 文档。

提案 PPT 制作要点：

（1）用关键词突出要点。

（2）页面简洁、精美、链接清晰，留下解说的空间。

（3）文本和背景之间的对比度高，便于观看，一般不要使用彩色字体。

（4）尽可能使用图表来表达观点。

（5）避免出现无效页面。

（6）做好应急方案，提供 PPT 的纸质版本。

步骤八：由各组选派一名汇报者进行方案的陈述。

项目陈述准备要点：

（1）形象准备：干净清爽，着正装。

（2）适当热身：反复进行模拟演练，尽可能多准备一些问题。

（3）优选提案人：单人陈述为佳，团队配合注意衔接问题。

（4）简洁表达：思路清晰，能用最短的时间讲清楚想法。

（5）控场能力：心态稳定，面对评委提问不骄不躁。

思考与练习：

你认为方案陈述演示过程中还需要注意哪些问题？如主题的表现形式、评委的喜好、互动水平、快速反应能力、时间控制能力……

请在下框中写下你的思考。

步骤九：方案答辩，回答评委的提问，该环节要求认真倾听评委的提问，考查学生日常积累、临场快速反应和表达能力。

步骤十：评委对方案进行评价，该环节要求虚心认真听取评委的评价，多与专家进行沟通，反复思考方案的不足和有待优化之处，进行改正与完善。

专家评价	
优化建议	

步骤十一：各团队对策划方案和实训过程的收获和不足进行总结，优化策划方案并重新提交最终版。

优化点	
收获和体会	

知识点链接

一、整合营销传播的概念

整合营销传播提出的"营销即传播",更强调沟通传播的重要性,主张把企业的一切营销和传播活动,如广告、促销、公关、新闻、直销、企业形象、包装、产品开发进行一元化的整合重组让消费者从不同的信息渠道获得对某一品牌的一致信息,以增强品牌诉求的一致性和完整性。对信息资源实行统一配置、统一使用,提高资源利用率。

二、整合营销策划的思路

整合营销策划的思路可以用"策划一条龙"的框架来描述:龙珠——内外部环境分析,龙头——策划思路确定,龙身——策略与技巧设计,龙尾——方案执行与调整。

(一)龙珠——内外部环境分析

整合营销策划是对内部整体资源和条件、外部机会和威胁的反应,内外部环境分析是营销策划之始。就像舞龙时,整条龙都要围绕龙珠转,环境分析就像龙珠一样,决定了营销策划的方向。市场营销环境是一个多因素、多层次的复杂的综合体,各种环境因素不但分别对企业的营销活动产生影响,而且各因素之间又有相互交叉的影响。企业总是处于一定的、不断变化的营销环境当中,这给企业的营销策划带来制约与威胁的同时,也给营销策划活动创造了良好的机会。

因此在进行营销策划时,首先要考虑的就是如何对企业的内外部环境进行全面且有效的分析,不仅要分析外部环境中的政治、经济等宏观要素和消费者、竞争者等微观要素,也要分析内部环境中的企业资源条件、战略模式、企业文化、组织结构等。

环境分析的思路为:外部环境的分析在顺序上,应当从大到小,即先宏观环境,再行业环境,最后是经营环境,但从关注的程度和花费的精力上,则应该重小轻大,即首先最重要的是经营环境,其次是行业环境,最后是宏观环境。另外,在外部环境分析中,对消费者和竞争者的调查与分析是重中之重,应该尽量做得细致和深入,而其他环境因素有时根据研究目标和具体情况可以省略。

内部环境的分析重点一般放在企业的总体战略和企业资源的优劣势等方面上,目的在于找到符合企业自身状况的营销策划方案,因为一个营销策划方案的实行需要得到企业内部各方面的支持,因此不能脱离企业自身的状况来进行营销策划方案的设计。

（二）龙头——策划思路确定

在对企业的内外部环境进行系统分析之后，下一步就需要确定营销策划的总体思路，作为营销策划"一条龙"的龙头，它具有纲举目张的作用，确定什么样的营销思路主要取决于营销策划的内容是什么。对于整合营销策划来说，它是一个企业的整体的营销策划，策划思路的确定主要意味着制定企业营销战略，而制定企业营销战略的主要内容又是进行市场定位。因此，明确战略目标和市场定位是这个阶段的重点。

（三）龙身——策略与技巧设计

在策划思路确定的基础上，需要对营销策略和策划技巧进行具体可实施性的设计。营销策略就是大家熟悉的 4P：产品、价格、渠道、促销，在整合营销策划中离不开对这四个营销的可控要素的策划。营销战术策划是营销战略策划由宏观层面向微观层面的延伸，它在营销战略策划的总体指导框架之内，对各种各样的营销手段进行综合考虑和整体优化。企业的营销战术策划可以是全面的，比如一个企业整体的营销策划；也可以是单项的，比如一个企业的品牌策划。

（四）龙尾——方案执行与调整

当企业经营比较规范时，或者策划活动的影响较大时，都需要制定一个完整的策划文本——营销策划书，作为指导企业实施的蓝图。企业需要认真按照策划方案去执行，执行力很重要，细节决定成败，方案的执行决定了营销策划的最终结果，并且执行也是一个能动的过程，要不断地积极地审视营销策划结果与执行中的内外部环境是否协调，从而作出方案调整。

方案调整是在不对方案伤筋动骨的情况下，对方案局部的细节再经过多方求证，对方案中的具体目标、行动步骤、策略、预算等进行调整、修改。方案付诸实施以后，可以由企业内高层管理人员或第三方专家对策划方案的实施情况进行评估鉴定。可预先设立一系列的评估指标，对方案实施过程中出现的各种情况进行监督，一旦出现偏离策划的事件要及时反馈给相关人员，及时对营销策划进行调整和控制。

三、营销策划书的结构

一般来说，营销策划书包括以下五个部分：封面、前言、目录、正文、附录。

（一）封面

营销策划书封面包含项目广告语（或 LOGO）、项目名称、委托策划的客户、策划机构的名称和策划人的姓名、策划负责人及其联系方式、策划完成日期等。封面就是一份策划书的"门脸"，一定要注意以下几个要点：

1. 要素完整，并且要有设计感（包括装帧），让决策人感受到你的用心良苦。

2. 封面设计要简洁大气，避免过多元素点，如果面向的推广对象有非中文国家，可以同时运用中英文，也能显示出国际视野。

3. 项目广告语就是项目的中心思想，需用心思考。作为整个策划方案的"眼"，通常起到画龙点睛的作用。

（二）前言

前言一方面是对内容的高度概括性表述，另一方面可以引起阅读者的注意和兴趣。字数可以控制在 1000 字以内，其内容主要有：接受委托的情况，如乙公司接受甲公司的委托，就某年度的新品开发与推广进行具体策划；策划的概况，即策划要达到的目的以及策划的主要过程。

（三）目录

目录对于一份营销策划而言极为重要，当决策者或评委还没看方案的详细内容时，他们首先将从目录中看出整份策划的思想与内容，所以，策划书的目录结构必须合理、完整，至少包括二级目录。标题的提炼和语言组织十分重要，需言简意赅，逻辑合理，清晰明了。目录的排版一定要用 Word 的目录自动生成功能，PPT 用结构导航图引导阅读者，结构式目录较为常用。此外，在细节上要注意，目录中所标页码与实际页码必须一致，否则会影响营销策划书的形象。

（四）正文

营销策划书的正文包括七个方面：项目摘要、环境分析、营销目标、营销策略、执行方案、费用预算、控制应变措施。

1. 项目摘要。

项目摘要是对整个营销策划项目做一个简单而概括的说明，要达到决策者和评委看完摘要可以大致了解策划内容的要点，并对你写的文案感兴趣。项目摘要虽然是在营销策划书的最前面，但它一般是在整个营销策划做完以后才写出来的。项目摘要越精练越好，需要说明策划对象、策划目的、解决问题、结论等，其中可包含以下几个要点：

（1）要解决企业的什么问题，达成什么目标（是财务目标还是非财务目标）。

（2）产品的价值（能解决消费者什么痛点）、市场空间、相对于竞争对手的产品优势等。

（3）营销最大的亮点是什么（可以从销售模式、促销方式等方面找到亮点并体现）。

（4）操盘团队介绍（特别是过往的成功经验介绍，这样会让决策者增加对策划方案的信任）。

2. 环境分析。

环境分析的目的在于检验项目的可行性，同时为后续的营销策略提供决策依据。影响企业的所有环境因素中可按照对项目的价值进行选择性分析。分析过程中需注意数据来源必须权威，并在策划中标注数据资料的来源。环境分析结束后，可用 SWOT 工具做环境分析总结，并制定出相应的战略和战略目标。

3. 营销目标。

我们首先要依据环境分析的结果制定营销目标。制定营销目标时，要注意两个要求，第一是目标制定要具体，尽量用数字来量化目标，利于评估和实施来完善目标。第二要有实现目标的时间点。另外要注意目标的描述，目标的描述分两方面：财务目标可以用销售数量、销售额和销售利润等数据来描述，非财务目标可以用市场占有率、品牌知名度、媒体曝光量等数据来描述。

4. 营销策略。

营销策略的内容包括 STP 战略和 4P 策略。STP 战略就是进行市场细分、目标市场选择、市场定位；4P 就是进行产品、价格、渠道、促销策略。在此，需注意环境分析是制定策略的依据，不可脱离环境分析做 STP 战略和 4P 策略，同时可审视前面的环境分析的内容，没有用的分析就可以删除了。

5. 执行方案。

营销策划方案应清楚地交代策划落实的具体方案，让执行者拿到方案即能明白何时何地做什么，可以利用一些工作计划图表和工具（如甘特图），帮助策划者制订详细的工作计划，表明各项任务的主要负责人及不同时间段应完成的任务指标。

6. 费用预算。

按照安排的营销策略中将花费的各种费用项目，对营销策划方案的费用进行科学合理的预算。

7. 控制应变措施。

由于环境的不确定性，任何计划在实施过程中难免会遇到一些不可预期的风险，比如市场风险、竞争风险、外汇风险、政策风险等，因此，需要在方案策划中考虑一些相应的应变措施，制订预案计划。

（五）附录

附录是策划方案的附件，附录的内容对于策划方案起着补充说明作用，便于策划方案的实施者了解有关问题的来龙去脉，附录还可以为营销策划提供有力的佐证。附录的作用：一是对策划中所采用的调查与分析技术做一些必要的说明；二是为策划提供客观性的说明。因此，凡是技术性强，会影响人们阅读策划书兴趣的内容，以及有助于阅读者理解和信任策划内容的资料都可以列入附录中，比如问卷、分析模型、较为复杂的分析过程、座谈会原始照片、图像资料等。

以上五项内容，是营销策划书的一般结构，当然并不是所有的营销策划书都应如此千篇一律、一应俱全，由于企业所处的市场环境、经营内容、营销战略等存在差异，不同的营销策划书在结构上也可以有所变化，对此策划者应该在书写过程中灵活应用。

四、营销策划书的技巧

（一）结构完整，层次清晰

对于企业而言，只有快速对营销方案的思路有一个清楚的了解，才会进一步考虑其可行性。如果一份策划书内容庞杂、思路混乱，该策划书必然无法打动企业。想要写出结构完整、层次清晰的策划方案，首先需要对营销理论有一个整体上的把握，简单来说就是对环境分析、战略制定、策略组合这些营销基本逻辑和原理有从整体到深入的认知。

（二）主线明确，战略统领

如同分析一篇文章时，我们总是习惯找出文章的中心，以求更好地体会作者的写作意图，理解各个段落的深层含义以及对表达文章中心所起的作用。营销策划书也要有一个明确的主线，继而围绕这个主线展开分析，也就是要确定策划主题。策划主题是策划方案的中心思想，是表现策划方案为达到某项目标而要说明的某种观念。策划主题由策划目标、信息个性和消费心理三个要素组成。确定策划主题创意，必须将策划的产品、目标以及目标受众的需求结合起来通盘考虑，凝练出简洁易懂且具有差异化的策划主题，以主题为核心目标，以营销战略为统领，进行有效的整合 4P 策略，才能达到最佳效果。

当然为了更好地运用这一技巧，我们可以在书面中使用一些重点符号特殊的版式、不同的字体和字号，对策划内容的主要观点给予强调突出，以帮助企业在阅读方案过程中准确地把握策划主线。

（三）图表丰富，分析深入

市场营销理念告诉我们，一切要从顾客利益的角度出发设计产品或提供服务，最大限度地满足其需求。从营销策划书的需求角度来看，企业是我们的顾客。那么我们就要以企业为中心，研究企业对于策划书的需求，以使策划方案得到企业的认可。让我们与企业进行换位思考，如果是我们自己来审核不同的策划书，最基本的要求就是希望该文案不但简明扼要，而且分析透彻。

在策划书中运用丰富的图表无疑是解决上述需求的最有效方式。小小的图表可以将我们的语言精练到最简化的程度，通过图表进行解析，不但一目了然，叙述简练，而且让人印象深刻。需要注意的是，图表虽然能帮助我们力求语言简洁，但仅通过图表不能够反映一些深层次的内涵，所以在运用图表时需要辅之以必要的分析说明，分析得越深入，其可信度就会越高。

（四）善于使用数字

策划报告书是为了指导企业进行营销实战，必须保证其可靠程度，任何一个论点最好都有依据，而数字就是最好的依据。在营销策划书中利用数字来进行比较对照是必不可少的，而且各种数字都要有可靠的出处。

（五）合理设计版面、注意排版细节

策划书视觉效果的优劣在一定程度上影响着策划效果的发挥。有效利用版面安排也是策划书撰写的技巧之一。版面安排包括字体、字号、字距、行距及插图和颜色的使用等，目的在于使策划书重点突出、层次分明、严谨而不失活泼。错别字、用词不恰当、语句不通顺、标点符号用错等细节问题一定要避免，否则当企业决策者看到这些问题时，就会将这些不好的印象植入到他的判断中去，影响对这份策划书的看法。

五、营销策划信息模型

（一）"三个圈"推导模型

在环境分析中，如果你担心会写得很乱没有逻辑，就可以用"三个圈"推导模型，来帮你条理清晰地分别从三个不同的角度，即消费者洞察、品牌洞察、竞品/时机/趋势洞察去梳理推导出关键结论的论点，得出整个策划传播主题或者品牌定位等，见图3-1-1。

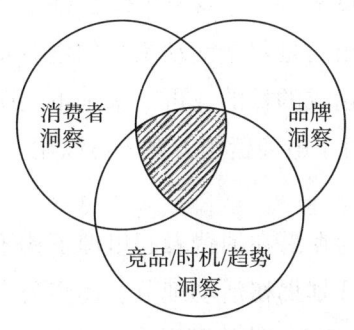

图 3-1-1   "三个圈"推导模型

在方案 PPT 的呈现上，也可用"三个圈"来总结前面三个部分的洞察，交集的部分就是支撑你推导出这个创意或者其他关键性结论的内容。

这样不管是你自己在写的时候，还是别人在看（听你）的方案阐述的时候，都会让内容看起来比较有逻辑。

当然，有时候也不止"三个圈"，可能是更多维度的信息，可以灵活地根据自己喜好和实际情况来变换模型的呈现。

（二）"房子"信息框架模型

这个模型像房子一样，最上层是一个三角形的"房顶"，承载策划主题，下面是"房屋"主体，承载策划内容。在写方案的时候，最主要是用来帮我们按照"总—分—再分"的逻辑来梳理不同层级的信息。

例如，在写活动方案的时候，当我们用前面讲的"三个圈"模型推导出核心概念后，接下来就是要写各种具体策略了。这时候，肯定不止策划一个活动，通常都会按照"预热—爆发—延续"的节奏来策划一系列不同的执行，以达到这个阶段的目的和阐述关键信息。

面对这么多看起来有点繁杂的信息，策划新手的思维可能就会有点乱了，这时候就可用下面图 3-1-2"房子"信息框架模型来梳理。

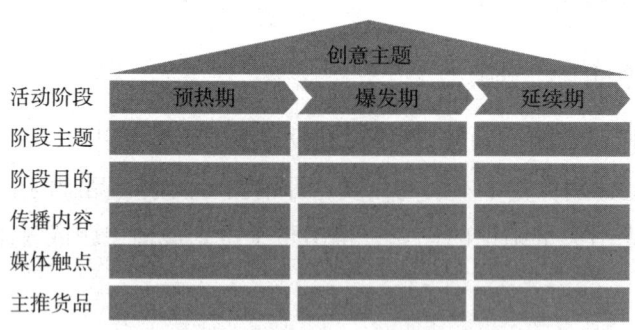

图 3-1-2 "房子"信息框架模型

比如最顶层的三角形里放的是整个活动策划的创意主题，下来是按照不同阶段，有这个阶段的分主题和所要达成的目的，再下来是不同阶段要做的执行，可以分为创意和对应的媒体触点去写，对于电商营销方案，可以用"人—货—场"的矩阵来写不同阶段对应的事情。

1. 预热期。预热目的即为在潜在消费者心里埋下钩子，吸引初代粉丝关注。常规做法：可以用预热海报，按计划揭秘活动细节、逐步公布代言人；也可以演绎符号，比如找不同 KOL 来解读产品代号，炒热到所有人都在做一个动作，自然能吸引关注；再比如可结合时下热点进行借势营销。

2. 爆发期。前期的积累势能，在这个节点集中爆发，所有能用的平台同时发声，密集包围式露出。品牌传播的本质就是改变消费者固有认知，让某个意识植入到用户心智中，最有效的做法就是信息重复。所以这个阶段，调用一切资源，直播、短视频、经销商、公关等做到饱和式投放，同时关注独立访客、关注频控。值得一提的是，硬广的曝光应广覆盖尽可能多的媒体，而内容的深度沟通则应集中深植某个平台击穿打透。

3. 延续期。前期进行了很多"养鱼"工作，延续期则要进行"捕鱼"了。一方面需要铺内容营销做长线运营，通过绑定热门竞品获取流量，向上越级绑定提升定位，理性自媒体硬核解读产品，感性自媒体破圈传播梳理品牌态度。另一方面也需要发挥数字营销的效率，通过定向目标人群，高效精准获取线索和订单转化，提升投资回报率。

房子信息框架模型，另外一个应用例子就是用来梳理更偏品牌策略层面一点的信息，比如最上层三角形放的是品牌广告语，然后下面放品牌的定位阐述，再下面放核心消费人群、消费场景，再下一层放 4P 信息，再下一层放传播规划等，最后形成的是一个整合的品牌信息房子，让大家通过这个模型了解整个品牌的全貌。

（三）"水波涟漪"模型

该模型就像是一颗石头扔到水里，会出现一层层涟漪一样，在很多策划案中，也会需要这种"涟漪"式传播规划，见图 3-1-3。

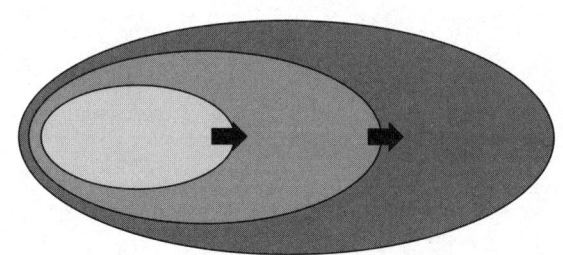

图 3-1-3　"水波涟漪"模型

例如，最常见的应用场景是圈层渗透式传播，因为现在的消费者都是"人以群分"，有各种各样的小众圈层。那在写方案的时候，也要根据不同圈层来制定不同的传播规划。比如最先要影响二次元人群，为此需要做什么样的策划；接下来，要通过二次元人群的影响，再向外辐射到更广泛的 90/95 后泛年轻人群，为此要做哪些策划；再接下来要……

面对这些不同层级的信息，为了让方案的呈现更有逻辑，这时候我们就可以用"水波涟漪"模型，最里面的代表核心圈层，然后再一层层向外辐射，圈层与圈层之间的交界处就是我们破圈传播的内容。这样做的好处就是，可以让看的人一目了然地看懂我们的传播策略和传播矩阵。

同样，我们在写内容种草方案的时候，也可以用"水波涟漪"模型，来展示我们的内容种草明星/KOL策略。

比如像雅诗兰黛"双11"种草案例中，"涟漪"的最里层请了像李现、肖战这样的顶流明星，最核心的目的是打造传播素材——李现、肖战同款。接着外层，再请一些头部的时尚、美妆大号来进一步扩散明星和雅诗兰黛产品的信息。再接着外层，请一些粉丝数量不多，但是以量取胜的KOL/KOC。这样的"水波涟漪"模型，帮助雅诗兰黛在"双11"预热阶段的种草取得了很好的效果。

任务拓展

完成实训项目——创意星球学院奖

1. 关注创意星球学院奖官方网站或公众号，选择有"营销策划"项目的策略单。

2. 研究策略单要求，对信息进行梳理，可以用表格或思维导图呈现。

3. 观摩获奖作品，团队对方案创意进行讨论。

4. 完成初步方案。

5. 在指导老师的帮助下完善方案。

6. 提交方案。

任务评价

项目一　整合营销策划
技能考核表

班级：＿＿＿＿＿　　姓名：＿＿＿＿＿＿　　学号：＿＿＿＿＿

评价项目		评价标准	分值	得分
职业道德		诚实严谨、遵守纪律、独立完成任务（5分）； 方案不违背职业道德与营销伦理（5分）	10	
职业能力		方法得当、思路清晰，对背景资料分析透彻、细致（5分）； 撰写的策划方案符合要求，能在规定时间内完成任务（5分）	10	
卷面格式		文字编排工整清楚、格式符合要求	10	
文字表达		流畅、条理清楚、逻辑性较强	3	
具体内容	设计	符合策划主题风格，简约大方	5	
	前言	简述策划的背景、目的、方案主要内容	2	
	目录	排列有序（1分）； 一目了然（1分）； ［行文分两级即可，即一、（一）］	2	
	市场环境分析	市场分析包括企业的宏观环境以及行业分析、消费者分析、竞品分析、产品分析，对产品特点描述详细，产品核心利益点分析较为准确	10	
	核心策略	核心策略基于市场分析提出，具有竞争力	5	
	创意设计提案	对方案中的创意设计有具体的说明和样板展示（5分）； 明确、具体、具有可行性（5分）； 各阶段创意设计紧密围绕核心主题（5分）	15	

评价项目		评价标准	分值	得分
具体内容	媒介投放提案	符合目标用户的触媒习惯（5分）； 做出行之有效的媒介排期策略（5分）	10	
	经费预算	有预算与分配表（2分）； 费用预算合理可行（3分）	5	
	数据资料	使用图表（4分）； 数据资料翔实，注明出处（4分）	8	
创新方面		方案有一定新意，见解独到	5	
小　计			100	

项目二　广告策划

任务目标

1.掌握广告策划书的基本步骤、方法与手段。
2.具备方案的阐述能力与答辩能力。
3.训练创意思维和资源整合能力。

任务描述

需要学生完成广告策划的准备、广告的创意、广告的表现、广告的诉求主题，广告的媒体策略及计划，其他工具的配合，最终形成一份广告策划书。

任务准备

1.微课学习《广告策划的概念和特征》《广告策划的程序》《广告策划书的撰写》《广告策划书的撰写技巧和注意事项》。
2.网络环境稳定的机房或移动设备。
3.下载安装 WPS 最新版办公软件。

广告策划的概念　　　广告策划的程序　　　广告策划书的　　　广告策划书的撰写
和特征　　　　　　　　　　　　　　　　撰写　　　　　　技巧和注意事项

引导问题	任务准备记录单
	主题：　　　　　　　　　　　日期：
1.广告策划的概念和特征。	
2.广告策划的程序。	
3.一份完整广告策划书构成有哪几部分？	
4.信息组织的技巧包括哪些？	
5.行文的技巧包括哪些？	
6.情报视觉化的优点是什么？	
7.视觉资料构成的要素有哪些？	

重点总结归纳栏

问题总结归纳栏

任务实施

一、案例与练习

1.阅读案例："肯德基宅急送'灵魂宵夜'小龙虾，玩转古城西安！"

（1）传播实施背景。

2020 年 7 月 27 日肯德基宅急送"灵魂宵夜"小龙虾新品上市。此次新品延续"灵魂宵夜"系列，与以往串串卤味、手撕鸡不同的是限定城市发售，精选龙虾最肥美的季节限量售卖，宅急送外卖专享产品。新品限定在 10 个城市发售，西安作为西北区域唯一城市，客户希望此次新品上市，能够在抖音短视频平台引发用户关注，并利用其他传播渠道辅助进行新品上市推广。辐射加班白领、暑期学生、夜晚活动较多的年轻人，突出产品宅急送专享、"灵魂宵夜"、城市限定等卖点。本次打破传统肯德基在年轻消费群体心中的固化形象，让用户在深夜想要放纵自己的时候能够选择宅急送小龙虾。在客户预算仅有 5 万元的情况下，打造出年轻群体流行方式的聚合宵夜场景，构建与年轻消费者新的连接，最大化地传播此次新品。

（2）创意核心洞察。

聚焦年轻白领，他们每天早晨被闹钟唤醒的只是肉体，忙忙碌碌地刷完白天的进度条，到了夜晚，拖着疲惫的身躯回家。夜幕降临，华灯升起，夜晚才是释放自我唤醒灵魂的最佳时机。抛开社会的 AB 面，让内心尽情释放。让肯德基"灵魂宵夜"小龙虾治愈都市白领内心深处的疲惫。

①定制"鬼畜"音乐，线上洗脑传播，引发粉丝参与同款拍摄。

②赞助西安知名 Follow Da Tempo 派对，让肯德基宅急送"灵魂宵夜"小龙虾，融入在街舞 / 说唱 /DJ 的沉浸式音乐社交场景里，引发话题内容在线上持续发酵，生成年轻人喜欢的内容和话题。

③西安本地知名抖音大 V 短视频传播，西安本地博主抖音在线试吃直播，西安城市地标产品海报，结合线下嘻哈派对现场试吃活动推广。

线上线下形成强有力的传播闭环，覆盖目标客群，扩大肯德基宅急送"灵魂宵夜"小龙虾知名度，刺激年轻消费者在线下单。

（3）传播策略与实施。

根据年轻白领的生活现状，白天披甲战斗，夜晚释放灵魂。结合肯德基小龙虾产品特点，提出话题，白天带壳奋斗，晚上脱壳享受并进行线上传播。

a.传播策略：

真实年轻白领生活场景短视频，首轮曝光新品，进入讨论话语圈层。邀请本地抖音大 V，拍摄白领的白天工作生活，与深夜宅急送剥虾吃虾时灵魂释放的碰撞，以剧情短视频线上传播此次新品上市引发首轮曝光。

魔性音乐短视频，加速肯德基小龙虾话题热度触达用户。邀请西安知名音乐制作人，定制"鬼畜"音乐，歌词体现白领的生活压力与剥虾吃虾的灵魂释放，抖音发布，魔性洗脑式传播，引发粉丝拍摄同款视频二次曝光。

创造年轻人当下的宵夜场景，让肯德基小龙虾融入音乐社交。上线当日，与 Follow Da Tempo 城市派对异业合作，派对现场试吃活动，除了网红打卡也引发青年群里拍照，打造出年轻群体流行方式的聚合宵夜场景，构建与年轻消费者新的连接。

通过吃播做用户与产品的"链接器"。持续爆发期，在"吃播经济"越来越火的情况下，邀请西安本地吃播播主在线尝鲜，引发粉丝关注下单。

海报配对。通过城市限定产品与古城地标结合，制作海报，释放产品卖点。塑造不同的夜宵场景，引起粉丝共鸣。

b. 实施：

由于产品性质的特殊性，在短视频拍摄执行过程中留给团队拍摄制作视频，以及前期准备的时间比较有限。首批产品到门店后，团队第一时间拿到产品，进行拍摄，确保上市当日短视频同步上线。低成本的预算，使拍摄环境、设备、演员都比较受限，短时间内拍摄完成的短视频，获得了客户认可。

创作音乐时，考虑到短视频平台粉丝对于魔性洗脑的旋律与歌词都会印象深刻。多数重复的歌词"夜宵就是嗨嗨……剥虾剥虾剥虾……"等与电音颤音效果，能够让粉丝快速记忆。音乐上线后，同款视频跟拍，引发粉丝的跟风。

海报设计时，选取西安地标：回民街、曲江 W 酒店、大雁塔等结合对应工作状态、宅家追剧状态、游戏状态下的不同夜宵场景，突出了"灵魂宵夜"的宅急送卖点。主题"白天带壳奋斗，晚上脱壳享受"文案结合西安本地方言，使得肯德基小龙虾产品区域限定特点一目了然。海报于 7 月 24 日与产品同期上线。

肯德基宅急送产品首次尝试吃播形式进行线上推广，吃播同时进行了 3 次现场抽奖，与粉丝互动良好，引发在线观看粉丝当场下单。选取 7 月 27 日，工作日晚上 7 点进行直播，避开周末出游高峰，聚集线上流量。

产品上线当日的 7 月 24 日晚上，肯德基宅急送 Follow Da Tempo 在古城西安举办了一场"重返街头"的嘻哈派对。现场年轻潮人们上演了一场火辣与刺激的较量，"白天身披战甲全力奋斗，暮色降临放肆享受正当时，肯德基宅急送川香麻辣小龙虾，带你释放灵魂热爱燃烧。"通过音乐，借助宵夜剥虾的社交场景的融入，也让年轻用户对肯德基夜宵有了深度认同。

（4）项目效果说明。

抖音话题，"灵魂宵夜"小龙虾播放量高达 971.5 万人次，吃播观看量达 9569 人，超过了 98.39% 以上的主播。

视频、吃播、海报、线下派对共计曝光量多达 1300 万。

（5）案例亮点。

真实年轻白领生活场景短视频，首轮曝光新品，进入讨论话语圈层；魔性音乐短视频，加速肯德基小龙虾话题热度触达用户，抖音发布，引发抖音素人跟拍同款吃虾视频；与 Follow Da Tempo 城市派对异业合作，派对现场试吃活动，让肯德基小龙虾融入音乐社交；本次打造出年轻群体流行方式的聚合宵夜场景，构建与年轻消费者新的连接。

2. 请结合案例中肯德基项目的实施情况，将相关信息填入下表 3-2-1：

表 3-2-1　肯德基项目实施相关信息

广告目标	
传播区域	
目标受众	
用户痛点	
广告主题	
广告媒体	
广告预算	
传播效果	
创意评价	

3. 结合该案例中所述，请同学们做出一份 5 万元预算分配表，填入下表 3-2-2：

表 3-2-2　5 万元预算分配表

媒　体	费　用

续表

媒　体	费　用
合　计	50000 元

4. 结合案例思考广告策划中选择广告媒体应考虑的因素有哪些。

二、完成实训项目

1. 实训内容。

请学生搜集一些不同媒体传播的本土企业广告并进行研读，看它们传播的内容和形式，以及传播的效果。

选出一些效果不佳或不满意的广告，再根据能够获得的公司资料的难易情况，最终选定当地一家企业进行调研，重新为该企业实施新的广告策划，完成广告策划书的写作。要求形式完整、内容丰富、信息翔实、图文并茂、说服力强。需要突出策划方案的落地性和可行性；需要比较现有竞争对手的广告策划案，取长补短，并在此基础上优化自己的方案。

2. 实训要求。

广告策划实训要求主要包括以下几点：

第一，掌握理论知识。学生需要熟练掌握广告策划的基本理论、知识和方法，这是进行实训的基础。

第二，实践能力提升。通过实训，学生需要将所学理论知识应用于实际操作中，提升广告策划的动手能力。

第三，全面直观了解广告活动。实训旨在使学生对企业广告活动有一个全面直观的了解，从而增强其实际操作能力。

第四,广告策划流程掌握。包括广告调查与分析、制定广告目标、确定广告任务、广告媒体策划、编制广告预算、编制广告计划书、广告创意表现等各个环节的方法和技巧。

第五,团队协作与沟通。在实训过程中,学生通常需要分组完成任务,这有助于培养团队协作能力和沟通技巧。

第六,反思与总结。实训结束后,学生需要总结实训过程中的经验教训和成果,这是对学生综合能力的一次考验。

第七,态度与参与度。实训过程中,学生的态度和参与度也是考核的重要方面,积极主动参与实训的学生往往能获得更好的成绩。

综上所述,广告策划实训要求学生在掌握理论知识的基础上,通过实际操作提升广告策划能力,同时注重团队协作、报告撰写和态度表现等方面的培养。

3. 实训操作步骤。

(1)组建团队,各团队在队长领导下,组织观摩各类广告,在充分讨论、协调的基础上选定一家需要重新为其策划广告的企业,进行项目调研,完成下表3-2-3。

表 3-2-3　企业广告策划项目调研

团队名称		调研企业名称	
该企业广告描述与存在问题分析			
状况分析	企业背景(主要指与企业品牌和产品宣传有关的历史资料)		
	市场分析		
	产品分析		
	竞争分析		
营销目标(销售、利润、市场占有率、顾客满意率等方面)			

(2)集体讨论策划中的不确定或存疑部分,将问题和困难整理出来,请老师予以帮助和指导。

问题一:	指导意见:
问题二:	指导意见:
问题三:	指导意见:

（3）根据老师的指导意见开展策划书写作实训，参照广告策划书的创意规律、格式内容、写作原则，各小组在统一风格的前提下完成各板块的写作。然后成员间交叉评价，对评阅部分提出修改意见。

评阅意见	
修改意见	

（4）在完成了各部分的修改后，擅长文字写作的组员要将策划书作为一个整体进行打磨，保证内容的整合性、风格的一致性。同时，检查各部分是否有重复和矛盾的地方，用语是否统一，并确定统一的格式。对照下表进行审阅。

审阅要点	是否过关
重点信息是否突出	
内容层次是否清晰	
语言表达是否简洁	
图片和表格的位置是否需要调整以达到视觉平衡	
所有调研资料是否标注来源	
封面和目录是否设计美观大方	

（5）各小组制作方案汇报PPT。要求PPT体现策划方案主体内容，重点突出、视觉设计美观大方。

（6）策划方案汇报，按抽签顺序提案，每组有20分钟陈述时间，10分钟回答问题时间。该环节要求提案者具有较强的表达能力，语言简洁，观点鲜明，且能表述清楚观点之间的逻辑性，突出提案主题。

（7）评委对策划方案进行评判，并填写下表3-2-4策划方案评估清单。

表3-2-4　策划方案评估清单

策划方案的目的是什么？能解决什么问题？预期效果如何？	
策略和概念的普及性如何？策略的清晰度如何？	
主要传播形式的效果如何？视觉表现水平如何？	
能给消费者和经销商留下怎样的印象？	
能否提升品牌的美誉度、知名度和忠诚度？	
媒体组合和预算的可行性如何？	
效果评估的方法和成本都有哪些？	

（8）策划方案答辩，回答评委的提问，该环节要求认真倾听评委的提问，考查学生日常积累、临场快速反应和表达能力。

（9）评委对策划方案进行评价，该环节要求虚心认真听取评委的评价，多与专家进行沟通，反复思考方案的不足和有待优化之处，不断完善。

专家评价	
优化建议	

（10）各团队对策划方案和实训过程的收获和不足进行总结，优化策划方案并重新提交最终版。

优化点	
收获和体会	

■ 知识点链接

一、广告策划程序

（一）调查分析阶段

在这个阶段，我们要成立策划小组，然后进行广告调查与分析，在调查分析的基础上，编写广告调查报告。广告策划需要集思广益，集体决策，因此，首先要成立一个策划小组，具体负责某一项策划工作。策划小组主要由业务主管、策划人员、文案撰写人员、美术设计人员、市场调查人员及媒体联络人员、公关人员组成，其中业务主管的水平决定了策划小组策划能力的高低。

广告调查是广告策划的基础，有人说"广告是三分想出来的，七分走出来的"，由此可见广告调查的重要性。广告调查主要围绕广告产品、竞争者、消费者等展开。在对所得资料进行统计和分析的基础上，策划小组中的市场调研人员要负责撰写市场调查报告。市场调查报告，要总结外部环境的机会与威胁，同时通过内部环境的分析，找出优势与劣势，为后续的广告决策提供依据。

（二）制定方案阶段

这一阶段是广告活动的战略战术决策形成，并拟定计划方案的阶段，是广告策划的核心。

第一步：制定广告战略。

广告战略是对广告运作各环节的总体决策，主要解决以下几个问题：

1. 确定广告目标。广告目标是对广告运作提出的总要求，应根据企业的经营目标、竞争环境、营销手段的不同，确定本次广告活动的目标。当企业通过广告需要解决多个问题的时候，会出现目标多元化的情况，这时必须要分清主次。主要目标和次要目标、近期目标和长远目标，都应该明确规定。

2. 确定广告诉求对象。广告商品不会也不可能满足所有消费者的需要，一则广告也不可能针对所有消费者进行诉求。因此，要找出对广告商品感兴趣的目标消费者，对它们进行分析，从中确定此次广告活动的诉求对象是谁。

3. 确定广告诉求重点。如何在有限的时间内找出最能打动目标消费者的广告诉求重点，是广告战略的一项重要内容。

第二步：选择广告策略。

广告策略是实现广告战略的具体方法和步骤，它主要包括广告定位策略、广告诉求策略、广告创意与表现策略、广告媒体策略及广告实施策略等。

第三步，制订广告计划。

广告计划是对一系列广告活动的归纳和总结，是侧重于规划和步骤的具体的行动方案。

第四步，编制广告预算。

广告预算是企业投入广告活动的费用预算，应本着在发展中求节约的原则来确定本次广告活动的费用总额及分配，确保以最少的投入获得最佳的效果。

影响预算制定的重要因素包括：目标市场的大小、广告策略或创意的针对性、具有竞争优势的活动支出、利润贡献率、广告频次、媒体成本、媒体战略或媒体采买渠道的变化、企业的财务承受能力、产品生命周期、产品风险和可替代性等。

第五步，编写广告策划书。

广告策划书是广告策划的产物，经广告客户的审核批准后，它将成为本次广告活动的行动大纲。

（三）广告策划的执行阶段

首先，广告设计部门要撰写广告文案，进行广告构图、广告色彩的设计。其次，把广告提交给制作部门制作，形成最终的广告作品。最后，对广告作品进行事前测定和评价后再交给媒体单位，正式推出广告。在执行阶段，策划小组要全权负责监督实施情况，对不适宜之处要及时修正，确保广告活动的顺利进行。

（四）评估总结阶段

在广告播出的过程前、中、后，都要安排调查人员收集一些数据，测试广告效果，并且撰写评估报告，对整个广告策划进行总结，包括成功、失败和存在的问题等。以便为下一次广告策划活动提供借鉴和参考。

二、广告策划书文本写作技巧

（一）信息组织的技巧

1. 明确信息的属性和文本的结构。在开始写作文本之前，文本的撰写者首先应该对要在策划文本中传达的信息有总体的把握，并且分清各种信息的不同属性，然后按照已经拟订的结构，将信息分门别类。这样的前期工作，复杂的信息就可以显示出初步的条理性。

2. 把握重点。在众多信息中区分出最重要的信息，并且将它们做突出的传达，这样就可以避免文本中信息繁杂，主次难以区分。

3. 信息的层次化。在策划文本中，要明确信息的层次和彼此的联系，使信息传达层次分明。

（二）行文的技巧

1. 使用明确的标题。在策划书文本中，应该包括不同层次的大小标题。标题应该明确，并且提示出重点内容。

2. 使用短小的段落。在策划书文本中，大段的文字很难吸引人阅读，因此，要使用比较短小的段落，并且在一个段落中只传达一个重点信息。

3. 使用明确的序号。明确的序号不但可以使信息脉络清楚、层次分明，还可以给阅读者以明确的阅读提示。

4. 语言尽量大众化，避免过多使用专有名词。如果在广告策划者和广告主对专有名词有比较一致的理解，并对使用的专有名词不会发生误解和理解的困难时可以使用。

5. 语句简短、避免冗长。

6. 不用许多代名词。

7. 在分析之后要有简短的摘要或者结论。

8. 说明资讯来源以增加信息的可信程度。

（三）接近读者的技巧

要了解接受者，包括人数、地位、年龄、理解能力。其中接受者的理解能力最为重要。接受者的理解能力因接受者本身的专业领域、经验、知识而异，因此在撰写广告策划书时常常会遇到经验、知识、理解能力不足的人成为决定是否接受广告策划的关键人物的情况，针对不同的接受者，撰写广告策划书的方式也应该有所变化。

（四）情报视觉化的技巧

广告策划中的情报以详细取胜，但是详细的情报却存在如何有效传达的问题。为了使接受者易于理解并产生深刻印象，对情报进行视觉化处理是非常必要和有效的方法。提案的目的就是要说服接受者，为此常常需要提供客观的数据来支持论点，而较多的数字通过语言表达，常常会显得啰唆，而且因为不能直接显示数据内在关系，所以会比较难于理解。因此，使用图表来传达数据是广告策划书文本中常用的一种方法。

视觉资料构成的要素包括：

1. 标题：简洁地标明图表的内容。

2. 内容：指图表要传达的情报。

3. 图形：将需要传达的内容做视觉化的表现。

4. 注脚：对视觉传达和主要内容的补充与解释。

5. 资料来源：为了增加资料的可信性，所有的资料都应该注明来源。

6.序号：图表的序号虽对加深接受者的理解没有意义，但是却有助于使策划书文本显得有条理。

任务拓展

阅读案例："珀莱雅'毕业第一年'主题营销活动"

作为国内高端护肤产品，珀莱雅秉承年轻无畏的发现精神，以前沿创新配方和科技为核心实力，致力于为年轻人提供更安全有效的肌肤解决方案，引领科技美学趋势。2021 年年初，珀莱雅发起"毕业第一年与新世界交手"的新年主题活动，搜集了 82 名应届毕业生的真实故事，进行了一场与初入职场年轻人的深度对话。这些故事大都关于职场、家庭、友情等，珀莱雅将它们绘制成插画，在全国最深的网红地铁站——重庆红土地地铁站展出。同时发布了项目视频与海报。2020 年突如其来的新冠肺炎疫情，使 2020 届毕业生经历了更多的挑战，也使他们深刻体会了就业的艰难。对这一届毕业生而言，2021 年是他们正式离开学校踏入职场的第一年，前方充满了无限的未知与挑战，需要他们勇往直前。而珀莱雅正是秉持"趁年轻，去发现"的精神，将目光聚焦于毕业第一年的年轻群体，"超长插画展"吸引了众多网友打卡拍照，微博话题引起 3.4 万讨论，获得 38149 万阅读量。

另外，珀莱雅还发起毕业第一年话题，该话题一上线，就引发了广大网友的共鸣，纷纷分享自己毕业第一年的故事。该话题达到了 5148.1 万阅读量，引发了 4.2 万讨论。珀莱雅的营销活动引发了年轻群体的广泛共鸣和强烈反响。从产品的价值塑造转向情感价值的传递，借助"毕业第一年"的话题输出，珀莱雅将品牌的年轻化形象解构为"发现自我"的人生态度，从而使消费者对品牌有了更具象化的感知。

请你结合实训项目中的"策划方案评估清单"并搜集更多资料对该案例进行评价，同时填下表 3-2-5。

表 3-2-5　策划方案评估清单

策划的目的是什么？能解决什么问题？预期效果如何？	
策略和概念的普及性如何？策略的清晰度如何？	
主要传播形式的效果如何？视觉表现水平如何？	
能给消费者和经销商留下怎样的印象？	
能否提升品牌的美誉度、知名度和忠诚度？	
媒体组合和预算的可行性如何？	
效果评估的方法和成本都有哪些？	

任务评价

项目二 广告策划
技能考核表

班级：＿＿＿＿　　　姓名：＿＿＿＿＿　　　学号：＿＿＿＿＿

评价项目		评价标准	分值	得分
职业道德		诚实严谨、遵守纪律、独立完成任务（5分）；方案不违背职业道德与营销伦理（5分）	10	
职业能力		方法得当、思路清晰，对背景资料分析透彻、细致（5分）；撰写的策划方案符合要求，能在规定时间内完成任务（5分）	10	
卷面格式		文字编排工整清楚、格式符合要求	3	
文字表达		流畅、条理清楚、逻辑性较强	3	
具体内容	前言	简述策划的背景、目的、方案主要内容	2	
	目录	排列有序（2分）；一目了然（1分）；〔行文分两级即可，即：一、（一）〕	3	
	市场分析	包括企业的宏观环境以及行业分析（1分）；消费者分析（1分）、竞争对手定位以及以往广告分析（1分）、产品的特点分析（1分），市场分析比较确切（2分）	6	
	市场策略	营销目标明确（1分）；产品定位比较准确（3分）；广告目标具体（3分）	7	
	广告表现	广告诉求对象合适（2分）、广告主题醒目（3分）、广告创意（广告语、广告片等）符合广告目标以及产品定位、消费者习惯，能较好地表现广告的诉求点（15分）	20	

评价项目		评价标准	分值	得分
具体内容	广告媒介	媒介选择符合消费者媒介接触习惯，与经费预算、广告目标相适应，具有可行性。要求使用 3 种以上不同的媒介方式	16	
	广告预算	用广告活动经费的预算与分配表的方式来体现（4分）； 预算合理可行，分配妥当（6分）	10	
创新方面		方案有一定新意，见解独到	10	
小　计			100	

项目三 公关策划

任务目标

1. 掌握公关策划的基本程序。

2. 能够根据组织形象的现状和目标要求，分析现有条件，谋划及设计公关战略、专题活动和具体公关活动最佳行动方案。

3. 具备方案的阐述能力与答辩能力。

4. 训练创意思维和资源整合能力。

任务描述

良好的公关策划与危机公关意识对于一个企业形象的树立与品牌的宣传具有重要的作用。要求学生学习公共关系策划的内容与程序、公共关系策划的原则与方法，掌握一般公关策划的内容和要求，能进行公关策划书的撰写。

本项目任务一从"2021广东电网'地球一小时'"案例分析开始，通过深入学习该案例公益营销的思路和方法，进而应用到以"节约粮食"为主题的调研和策划中。训练学生不仅能够选择合适的品牌进行相关主题的传播，增强品牌的影响力，同时能更好地弘扬和传承中华民族勤俭节约的传统美德，践行"节约光荣浪费可耻"的理念。

任务二从"中石化危机公关"案例出发，学会分析案例中危机公关的策划要点，以当地企业为研究对象，在已发生或正在发生的危机事件中使用专业知识解决专业问题。培养学生的危机公关意识，判断出危机产生的根源及危机类型的能力，提出危机解决方案的能力。

任务准备

　　1.微课学习《公关策划的含义和主要内容》《公关策划的程序》《危机公关的含义和特点》《危机公关策划文案——危机公关分析》《危机公关策划文案——公关要点》。

　　2.网络环境稳定的机房或移动设备。

　　3.下载安装 WPS 最新版办公软件。

公关策划的含义和主要内容　公关策划的程序　危机公关的含义和特点　危机公关策划文案——危机公关分析　危机公关策划文案——公关要点

引导问题	任务准备记录单
	主题：　　　　　　　　　　　　　　日期：
1.公共关系策划的主要内容。	
2.公共关系策划程序。	
3.公关主题的设计要求有哪些?	

4.危机公关的特点。	
5.危机公关的分析技巧有哪些?	
6.危机公关策划的要点有哪些?	

重点总结归纳栏

问题总结归纳栏

任务实施

任务一

一、阅读案例

根据"2021广东电网'地球一小时'"结题报告，完成下表3-3-1策划内容评价单。

表3-3-1 策划内容评价单

策划要点	具体内容	评 价
目标设定：清晰界定公益营销的目标，如提升品牌形象、增强消费者好感度、促进产品销售等	目标：	
主题选择：根据企业战略、行业趋势及品牌价值，选择具有社会影响力、与公众生活密切相关的公益主题	主题：	
项目筛选：确保所选公益项目真实有效，能够解决实际问题，同时与企业产品或服务相关联，便于营销传播	项目具体内容：	
传播手段选择：运用多种宣传手段，如媒体合作、社交媒体推广、线下活动等，扩大公益营销的覆盖面和影响力	传播手段：	
消费者参与：设计互动性强的公益活动，鼓励消费者参与，增强品牌与消费者之间的情感联系	互动性设计：	
创新策略：不断探索新的公益营销方式和手段，保持活动的新鲜感和吸引力	创新点：	

二、公益项目策划实训

（一）实训内容

党的十八大以来，各地区各部门贯彻落实习近平重要指示精神，采取出台相关文件、开展"光盘行动"等措施，大力整治浪费之风，"舌尖上的浪费"现象有所改善。为了更好地弘扬和传承中华民族勤俭节约的传统美德，践行"节约光荣浪费可耻"的理念，请选择一个合适的品牌为其策划发起"节约粮食光盘你我"主题项目，完成公关策划书的写作。要求通过影像、图文、话题等多元形式，调动抖音、头条等新媒体平台扩大宣传范围，倡导绿色生活方式，充分调动网友的关注度与积极性，厉行勤俭节约、反对铺张浪费，共建文明城市。

（二）实训要求

1. 明确实训目标：通过实训，掌握公关策划的基本构成、程序和方法，提高公益营销策划的技能。

2. 分组协作：学生需分组进行实训，要求分工明确，有工作记录。

3. 策划书撰写：每组需撰写详细的公关活动策划书，内容应包括活动目标、目标公众、活动主题、传播渠道、具体实施安排（时间、地点、人物、事件、设备等）、经费预算以及活动评估等。

4. 答辩与反馈：每组需展示自己的公关活动策划书，并接受教师和企业专家的答辩。通过答辩，检验策划书的可行性和创新性，并获取改进意见。

5. 评估与总结：实训结束后，对每组的表现进行评估，包括策划书的质量、汇报展示的表现、团队合作情况等。同时，组织学生进行总结，分享经验教训，提升实训效果。

6. 注重实践与创新：鼓励学生在实训中结合实际情况进行创新，提出新颖、有创意的公关策划方案。

7. 遵守职业道德：在实训过程中，要求学生遵守职业道德规范，确保策划方案的合法性和合规性。同时，培养学生的社会责任感和公益意识。

这些要求旨在通过公关策划实训，使学生全面掌握公关策划的知识和技能，为其未来的职业发展打下坚实的基础。

（三）实训操作步骤

1. 教师指导学生学习公关策划实训项目背景资料。

2. 以组为单位根据实训项目要求选择合适的企业。此阶段要求对企业进行调研，根据企业战略、行业趋势及品牌价值判断是否适合进行"节约粮食光盘你我"主题的公益活动，是否与企业产品或服务相关联，便于营销传播。

（3）确定工作目标：在现有信息资源基础上深入调研，了解所有相关情况；审核所有信息资源，确定相关内容，完成下表 3-3-2。

表 3-3-2 企业相关信息调研及策划

团队名称		调研企业名称	
该企业品牌理念和产品信息			
与主题"节约粮食光盘你我"的相关性分析			
以往的公共关系行为			
公关活动目标			
目标受众			
活动经费预算			
核心策略及创新点			
创意内容阐述			
媒体策略			

4. 完成策划书。

5. 各小组制作方案汇报 PPT。要求 PPT 体现策划案主体内容，重点突出，视觉设计美观大方。

6. 方案汇报。按抽签顺序提案，每组有 20 分钟陈述时间，10 分钟回答问题时间。该环节要求提案者具有较强的表达能力，语言简洁，观点鲜明，且能表述清楚观点之间的逻辑性，突出提案主题。

7. 评委对策划方案进行评判，并填写下表 3-3-3 公关活动策划方案评估清单。

表 3-3-3　公关活动策划方案评估清单

策划方案的创新性与可行性：创新性能体现团队的创意能力，而可行性则确保方案能够顺利实施	
目标定位的准确性：公关策划需明确目标公众和预期效果，评价时需考量策划是否准确锁定了目标群体，并设定了合理的公关目标	
策略与目标的匹配度：评估策划中的策略与目标的匹配程度，包括传播渠道的选择、活动流程的安排等，看其是否能够有效支持策划目标的实现	
资源利用的效率：评价团队在策划与执行过程中对人力、物力、财力等资源的利用效率，看其是否做到了资源的合理配置与最大化利用	
团队协作与沟通能力：公关策划实训也是团队合作的过程，评价时需考虑团队成员之间的协作默契度、沟通效率以及解决问题的能力	
媒体组合和预算的可行性如何？	
效果评估的方法和成本都有哪些？	

8. 策划方案答辩，回答评委的提问。该环节要求认真倾听评委的提问，考查学生日常积累、临场快速反应和表达能力。

9. 评委对策划方案进行评价。该环节要求虚心认真听取评委的评价，多与专家进行沟通，反复思考策划方案的不足和有待优化之处，以便改正。

专家评价	
优化建议	

10. 各团队对策划方案和实训过程的收获和不足进行总结，优化策划方案并重新提交最终版。

优化点	
收获和体会	

任务二

一、阅读案例并分析

"中石化危机公关"成功案例

（一）事件经过

2018年12月27日，国内财经媒体纷纷报道，负责中石化的石油和石化产品贸易的子公司两名主要负责人被免去职务，原因是在最近石油交易过程中出现较大亏损。作为在上海、香港、纽约和伦敦四地同时上市的大型企业，此时需要中石化在信息披露上一定要迅速，不能让小道消息漫天飞。好在一直在这方面做得不错的中石化，迅速发布公告，对公众进行说明，避免市场进一步猜测。

根据中石化27日晚间公告，中石化表示，了解到联合石化在某些原油交易过程中因油价下跌产生部分损失，公司正在评估具体情况。联合石化总经理陈波和党委书记詹麒因"工作原因"停职，由副总经理陈岗主持行政工作。同时，中石化表示，联合石化为中石化全资子公司，主要从事原油及石化产品贸易。目前，公司生产经营情况一切正常。

（二）公关分析

1. 主动承担责任。

首先承认确实出现问题，但是具体损失多少，中石化没有提及。这也是因为需要公司具体清算才清楚，这个过程也是不间断进行，不可能一步到位。但是根据常识判断，两个主要负责人为此被免职，虽说表明中石化不护短，但是对公司来说应该损失不小，否则不会引起轩然大波。中石化以雷霆手段，对责任人进行免职处理，体现出高效率。而生产经营都正常，风险可控，投资者可以放心。

2. 保证了信息及时性，保障受众的知情权。

消息一传出来没有立刻进行信息披露的原因在于，核实该消息需要时间。另外，如何措辞很重要，上市公司公开披露的信息，一则不能失实，二则更不能夸大。稳妥做法，就是把已经核准的部分事实先披露，后续对于新增事实，持续披露。这和新闻深度报道套路一样，对于重大新闻，都是不断挖掘，逐渐揭开全部真相。

另外，在公开交易时间，也不允许上市公司发布消息，以免影响市场，除非临时停牌。但是由于事情还不到临时停牌程度，所以在 12 月 27 日下午，市场继续发酵一段时间，这必然对股价有所影响。当天，中石化跌幅超过 6%，是正常市场反应，不值得奇怪，相反没有跌停，反而是市场认为此事影响应该有限。

3. 遵循速度第一原则。

根据危机公关处理 24 小时黄金处理原则，任何事情最好不要过夜，一定要在时限内有官方消息公开。无论有多简短，只要有消息，媒体就会第一时间关注，而且有官方表态，投资者也会减少猜测。所以，中石化在 12 月 27 日晚间 9 点左右，进行了第一次信息披露。第二次披露在一个星期后，时间虽然有点长，字数也不多，但是信息量很大。

4. 权威证实日常监管严格。

中石化从承认出现问题到指出问题是在日常监管过程中发现，主要还向外界透露出一个重要消息：即中石化管理上没有问题，日常监管很严格，出现问题就会及时解决，希望避免外界产生对公司管理上混乱的误解。同时，外界显然想知道，中石化在这次事件中到底有多大损失。中石化就得有进一步动作，不能拖着不管，所以，中石化接着表示，审计师开始驻场审计，而且是公司聘请的外部审计师，结果会确保公平。

（三）总结

危机公关，公开透明是最好的武器，如果是一再回避，"拒绝置评"，好事会变坏事，坏事只能更坏，反而不利。当然，危机公关处理还有很多辅助打法。

尽管该事情没有最后落定，但从这两次信息披露，基本可以看出，中石化在信息披露乃至危机公关处理上手法非常成熟。

（四）案例分析

1. 你认为中石化在面对这次危机的时候，哪一项做得最好？

2. 总结一下应对危机公关的基本原则有哪些？

二、危机公关策划实训

（一）实训内容

本任务是各团队以当地企业为研究对象，在已发生或正在发生的危机事件中使用专业知识解决专业问题。对于已发生的危机事件，用具有专业水准的评价方式对其公司所展开的公关活动进行点评；对于正在发生的危机事件，请为其设计解决方案。

（二）实训要求

1. 理论知识学习：了解危机公关的基本概念、特征、类型以及危机产生的原因。学习危机传播的基本含义和构成要素，掌握危机公关与处理的基本理论知识。

2. 案例研究：分析危机公关案例，学习成功和失败的经验，提高学生的实际应用能力。

3. 沟通技巧：训练学生在面对危机时，如何有效地与媒体、公众、内部员工等不同群体进行沟通，确保信息的准确传递和问题的及时解决。

4. 团队协作：危机公关往往需要团队合作，实训应培养学生的团队协作能力，包括分工合作、协调资源、共同制订和执行危机应对计划。

5. 评估与反馈：实训结束后，应对学生的危机公关策划和处理进行评估，提供反馈，帮助学生总结经验教训，不断改进和提高。

6. 法律与伦理：了解危机公关中的法律和伦理问题，确保在处理危机时遵守相关法律法规，维护企业的社会责任和道德标准。

7. 持续学习：鼓励学生在实训后继续关注危机公关的最新动态和发展趋势，不断更新知识和技能。

8. 实训资源：提供必要的实训资源，如案例库、模拟软件、参考资料等，以支持学生的实训学习。

（三）实训操作步骤

1. 组建团队，明确团队任务和分工。

2. 至少选择三家企业，调研其已发生的危机事件及处理方式，并进行点评，完成下表3-3-4调研表。

表 3-3-4　已发生危机事件企业调研表

调研对象	已发生危机事件	危机公关处理方式	点　评

3. 选择一家企业，对于正在发生的危机事件，设计危机公关策划方案。

企业背景	
危机事件	
公关目标	
公关策略	

4. 各小组制作方案汇报 PPT。要求 PPT 体现策划案主体内容，重点突出，视觉设计美观大方。

5. 方案汇报。按抽签顺序提案，每组有 20 分钟陈述时间，10 分钟回答问题时间。该环节要求提案者具有较强的表达能力，语言简洁，观点鲜明，且能表达清楚观点之间的逻辑性。

6. 评委对方案进行评判并填写下表 3-3-5 公关活动策划方案评估清单。

表 3-3-5　公关活动策划方案评估清单

危机预警与识别：评估实训中对潜在危机的预警机制和识别能力，包括是否能够及时发现并识别潜在危机的迹象	

危机响应速度：评价在危机发生时，策划方案的响应速度和效率，以及是否能够迅速采取有效措施	
沟通策略：评估实训中的沟通策略是否得当，包括与媒体、公众、内部员工和其他利益相关者的沟通是否有效	
危机处理计划：评价实训中制订的危机处理计划是否全面，包括危机应对策略、资源分配、责任分配等	
公众形象与声誉管理：评估实训中对组织形象和声誉的维护措施，以及危机后的形象修复策略	
信息传播管理：评价实训中对信息传播的控制和管理，包括信息的准确性、及时性和一致性	
团队协作与领导力：评估实训中团队成员之间的协作和领导力表现，以及在危急情况下的决策能力	
危机解决效果：评价实训中危机解决的效果，包括危机是否得到有效控制，以及是否最小化了负面影响	

7. 方案答辩，回答评委的提问。该环节要求认真倾听评委的提问，考查学生日常积累、临场快速反应和表达能力。

8. 评委对方案进行评价。该环节要求虚心认真听取评委的评价，多与专家进行沟通，反复思考方案的不足和有待优化之处，以便改正。

专家评价	
优化建议	

9.各团队对策划方案和实训过程的收获和不足进行总结，优化策划方案并重新提交最终版。

优化点	
收获和体会	

知识点链接

一、公共关系策划的主要内容

1.树立企业形象。公共关系策划是要帮助企业建立起良好的内外部形象。在企业内部使员工具有良好的精神面貌，形成很强的凝聚力和向心力。在企业外部主动利用各种手段向外部传播信息，让公众了解自己、认识自己，赢得公众的理解和信任。

2.建立信息网络。由于外部环境在不断地发展，企业如果不及时掌握市场信息，就会丧失优势。公共关系活动是企业收集信息，实现反馈以帮助决策的重要渠道。

3.处理公众关系。在现代社会环境中，公共关系活动是维持和协调企业与内外公众关系的最有效的手段。主要有三个方面：一是协调领导者与企业职工之间的关系；二是协调企业内部各职能部门之间的关系；三是协调企业与外界公众的关系。

4.清除公众误解。任何企业在发展过程中都可能出现某些失误，这就要求企业平时要做好应急准备，可以通过公共关系起到缓冲作用，使矛盾在激化前及时加以缓解，为企业重新塑造良好的形象。

5.分析预测。公共关系可以帮助企业及时分析检测社会环境的变化，其中包括政策、法令的变化。向企业预报有重大影响的近期或远期发展趋势，预测企业重大行动计划可能遇到的社会反响等。

6.促进产品销售。主要是指以自然随和的公共关系向公众介绍新产品、新服务，既可以增加公众的购买或消费欲望，又能为企业和产品树立更好的形象。

二、公共关系策划书的内容结构

公共关系策划书是采用书面形式表达出来的公共关系策划方案，它全面细致地体现着公共关系活动的方方面面。无论是哪种类型的公共关系策划书，其内容都应该包括以下几个方面：组织环境分析、确立目标、确定目标公众、拟定主题、制定活动措施与步骤、合理安排工作日程、机构设置与人员分工、经费预算、效果预测。

1.组织环境分析。组织环境是指企业所面临的各类公众及各种条件，主要包括内外环境。它有"软环境"和"硬环境"之分。"软环境"是指看不见、摸不到，却又对组织具有十分重要作用的无形环境，如员工素质、管理状况、科技水平、社区关系、公众认可度等。"硬环境"是指一切看得见、摸得着的有形环境，如资金财产、厂房、办公设备、生产线等。就公共关系而言，主要是分析调查组织的内外相关软环境，并以此作为公共关系策划活动的依据和出发点。

第一，内部"软环境"分析。组织内部"软环境"调查分析主要包括对组织内部职工向心力和对股东主人翁意识及与组织利益关系的分析、对组织内部结构组成合理程度的调查分析、对劳动积极性的调查分析。

第二，外部"软环境"分析。组织外部"软环境"调查分析主要包括顾客对组织的意向分析、传播媒介宣传效能的分析、对政策法规执行情况的分析、社区对组织的要求及满意程度调查分析。

2.确立目标。公共关系策划具有鲜明的目的性，是以公共关系活动的方向与希望达到的标准为目标的。在策划书中，既要对整个活动的总目标有所体现，又要一一列出各层次的分目标。制定公共关系目标的过程中需要注意以下几点：

第一，总目标与分目标的层次性要明显。总目标是宏观要求，分目标是具体执行要求，不同层次的目标理应不一样。

第二，量化目标，即尽可能将公共关系目标用数字体现出来，便于工作人员的操作与监督。

第三，目标要协调一致且切实可行。总目标与分目标之间、各分目标之间要协调一致，不能产生冲突，并且不管目标量化与否都要切实可行，不要设置太高且毫无使用价值的目标。

3.确定目标公众。公共关系活动的实施对象是公众，但是在公共关系活动的过程中，不可能所有公众都是活动的针对者。每一次活动都应根据当前的状况有目的、有意识地针对特定范围的公众进行。这些公众就是目标公众。目标公众为公共关系活动指明了对象。

4.拟定主题。公共关系主题是贯穿整个公共关系活动的中心思想，是要体现的中心内容，是公共关系活动的核心和灵魂。

公共关系活动的形式有很多种，通常可以用一个口号来概括，也可以是一句陈述或表白，还可以是有关公共关系活动的主题音乐、主题歌曲或主题色彩、图案等，只要能够完整、全面、凝练地表达出公共关系活动的中心思想即可。

5.制定活动措施与步骤。公共关系活动的具体措施包括公共关系活动的所有内容，并据此提出详细的开展方法，例如，此次公共关系活动由哪些小的活动组成，活动现场如何布置，须做哪些物资方面的准备，邀请哪些宾客等。在解决公关难点时，若在具体措施的实施过程中出现了差错或行不通的情况，就要启用应急的备用措施。活动步骤是具体措施的顺序化落实。

6. 合理安排工作日程。要确保具体措施有步骤地稳定进行，就必须按照规定的进度开展公共关系活动。工作日程要保证在工作开始和结束的时限内可以做到以下几点：

第一，让公关人员心中有数，加强工作力度，提高工作效率，在规定期限内完成任务。

第二，便于督察。没有时间限制的公共关系活动是很难进行监督考察的。

第三，可以使公关工作按照既定步骤按时完成。

在日程制定中要考虑到一定的弹性，不论是分目标还是总目标的日程，都要留出时间上的余地。对弹性日程的设置最基本的要求是绝对不可以影响公共关系活动的进展。

7. 机构设置与人员分工。任何公共关系活动都离不开相关机构的工作安排与人员的具体操作，而机构设置状况和人员分工如何，会直接影响到公共关系活动的进程和效果。同样的工作项目在不同的机构与人员操作下，其结果往往会大相径庭。

8. 经费预算。在公共关系活动策划书中，必须对经费编制细致的预算，同时要遵循以下几项原则：

第一，在相同经费支出预算中选择最优方案。

第二，限制在组织能够支付的范围内。

第三，非花不可的钱才花。

经费预算内容通常包括工资、折旧费、赞助费、一般管理费、差旅费、广告费和应急资金等。

9. 效果预测。组织公共关系活动的成效，是组织总体形象在经历公关活动后在知名度、美誉度、忠诚度几个维度上的上升情况及组织产品的销售量增加情况等。公关人员在完成公共关系策划后，应当对此项活动能够达到怎样的效果进行预测。效果预测的方法有定量预测法和定性预测法。

定量预测法是指根据预测对象的有关资料和数据，运用数学的方法，通过建立数学模型进行处理和计算的预测方法。它主要是通过对预测对象有关资料的定量分析来预测，预测结果明确、具体、可量化，适用于对发展状态比较稳定、资料数据较完备的事物的中短期预测。具体方法有指数平滑法、平均数法和回归分析法等。

定性预测法是指依靠智慧、知识、经验以及直觉对公共关系活动的成效进行预测的方法。它主要是通过对预测对象有关资料的定性分析来预测，只能描述其大概的发展趋势，适用于对发展状态不稳定、资料数据不足和多数有关因素无法量化的事物的中长期预测。具体方法主要有头脑风暴法、专家意见法和经验判断法等。

两种预测方法各有千秋，将两者结合起来综合分析才能得到可靠的预测结论。

三、撰写公共关系策划书的注意事项

1. 明确实施方案。策划人员要把公共关系专题活动作为一个整体和系统的工程来进行设计、规划。对于时间、地点、参加者、环境、交通、活动方式、经费、效果评估、宣传报道等多方面的因素和细节，策划人员都要考虑周全，事先制定实施方案并请专业人士进行论证批准，然后按照活动方案进行具体操作和实施，并且在实施过程中收集有关反馈信息，必要时可根据实际情况和反馈信息对方案进行合理调整。

2. 明确活动目的。公共关系专题活动应该有明确的目的，如公共关系专题活动的主题是什么，影响哪方面的公众，要达到怎样的公共关系目标，要取得哪方面的效果等，都应事先确定。

3. 专人负责实施。公共关系专题活动不仅要请专家进行精心的策划，也要责成专人实施，最好是组成专门机构一抓到底、善始善终。其机构成员最好具有公共关系知识、公共关系策划能力和公共关系策划实施能力，以便保证公共关系专题活动的顺利进行。

4. 制订传播计划。应根据主题设计一个既有利于传播又令人耳目一新的标题或口号。标题或口号犹如一篇文章的题目，既要反映文章的内容，又要有一定的创意。

在公共关系专题活动开始之前，就要把有关专题活动的消息传播出去，以便创造良好氛围、渲染气氛，事先还要与新闻媒体进行联系，为记者采访报道提供便利的条件。专题活动之后，要注意收集报道成果和反馈信息。

总之，公共关系专题活动要有配合紧密的传播计划。离开了传播，公共关系专题活动的效果则会大打折扣。

任务拓展

各团队从本年度中央电视台"3·15"曝光的假冒伪劣相关企业中任选一个企业，针对事件设计危机公关处理方案。

任务评价

项目三　公关策划
技能考核表

班级：_____　　姓名：_____　　学号：_____

评价项目		评价标准	分值	得分
职业素养（20分）	职业道德	诚实严谨、遵守纪律、独立完成任务（5分）；策划方案不违背职业道德与营销伦理（5分）	10	
	职业能力	方法得当、思路清晰，对背景资料分析透彻、细致（5分）；撰写的策划方案符合要求，能在规定时间内完成任务（5分）	10	
作品	卷面格式	文字编排工整清楚、格式符合要求	3	
	文字表达	流畅、条理清楚、逻辑性较强	3	
	项目分析	分析较为确切、到位，能从分析中达到了解企业公关现状的目的	5	
	公关活动目标	公关活动准确锁定目标群体，公关目标合理	5	
	公关活动主题	主题鲜明、引人注目	5	
	公关活动对象	有明确的活动对象（2分）；公关对象选择符合企业市场要求（3分）	5	
	公关活动时间地点	选择恰当，与活动对象、活动主题相适应，时间选择得当（2分）；地点选择得当（3分）	5	
	活动项目流程设计	活动项目设计与目标、对象、费用相吻合（9分）；流程安排较为细致、正确，具有一定的可行性（6分）	15	

续表

评价项目		评价标准	分值	得分
作 品	媒介宣传	媒介选择合理	11	
	进度安排 物料准备	对活动全过程拟成时间表（5分）； 何地需要哪些物料，需要怎么布置进行安排（5分）	10	
	费用预算	有预算与分配表（2分）； 费用预算合理、可行（3分）	5	
	创新方面	策划方案有一定新意，见解独到	8	
小　计			100	

项目四　促销策划

任务目标

1. 掌握促销策划的流程和技巧。
2. 能够撰写完整的促销策划书。
3. 具备方案的阐述能力与答辩能力。
4. 训练创意思维和资源整合能力。
5. 培养持续学习和自我提升的能力，以适应市场变化和促销策略的更新。
6. 了解促销活动中的法律和伦理问题，确保促销活动的合法性和道德性。

任务描述

　　促销策划创意是指运用科学的思维方式和创新的精神，在调查研究的基础上，根据企业总体营销战略的要求，对某一时期的促销活动做出总体规划，并为具体产品制订周详而严密的活动计划，包括建立促销目标、设计沟通信息、制定促销方案、选择促销方式等营销决策过程。数字营销时代背景下企业促销策划发生了显著的变化，更加注重创新、数据驱动和用户参与，以适应数字营销时代的新趋势。

　　本项目先对"宝洁新品上市中国区数字营销方案"案例进行分析，深入学习该案例营销的思路和方法，进而策划并实施以"创意产品发布会"为主题的实战活动。通过校企合作真实项目，指导学生进行市场调研，撰写策划方案并实施产品发布会，将发布会展示作为课程考核现场，邀请来自专业教师、企业导师和其他专业师生进行综合考评。此项目不仅训练学生的创意思维和策划能力，进一步巩固营销策划的基本知识和技能，同时加强团队合作意识和沟通技巧，激发各自的潜能和创新思维能力，传递标新创意、合作共赢的精神。

任务准备

1. 微课学习《促销策划——销售的"临门一脚"》《促销策划的流程》。
2. 网络环境稳定的机房或移动设备。
3. 下载安装 WPS 最新版办公软件。

促销策划——销售
的"临门一脚"

促销策划的流程

引导问题	任务准备记录单		
	主题：		日期：
1. 什么是促销？			
2. 促销策划活动的步骤分别是什么？			
3. 促销活动的六个要素是哪些？			

4. 一份完整的促销策划书主要包括哪些内容?

重点总结归纳栏

问题总结归纳栏

任务实施

一、策划案例分析与学习："宝洁新品上市中国区数字营销推广方案"

1. 阅读案例（见二维码）。
2. 将案例的策划思路梳理成思维导图。

二、完成实训项目——创意产品发布会

（一）实训内容

本实训以培养学生理论和实践相结合为目的，选择校企合作真实项目或当地企业产品，通过市场调研，撰写策划方案并实施产品发布会，将发布会展示作为课程考核现场，可邀请来自专业教师、企业导师和其他专业师生进行综合考评。

（二）实训要求

1. 学习产品发布会相关知识和技巧。

2. 选择新产品或知名度不高的产品进行策划。

3. 组建团队人数在 5~8 人之间，选择合适的队长，分工明确，并有工作记录。

4. 市场分析与目标定位：了解目标市场的需求和偏好，明确产品的目标受众，以及他们的兴趣和需求。

5. 主题与创意设计：制定与产品特性和品牌形象相匹配的发布会主题，确保创意设计与产品亮点和品牌功能相符。

6. 活动策划与流程设计：策划发布会的整体流程，包括开场、产品介绍、嘉宾演讲、互动环节、体验区设置等，确保活动环节紧凑、有趣且富有节奏感。

7. 现场布置与技术准备：进行现场布置，包括舞台设计、灯光音响等，并确保所有技术设备正常运行。

8. 互动环节设计：设置创意互动环节，如游戏、体验、分享等，以提高观众参与度和对产品的了解。

9. 宣传推广与社交媒体运用：通过线上线下渠道进行宣传推广，利用社交媒体平台进行预热和现场互动，扩大发布会的知名度。

10. 效果评估与反馈收集：发布会结束后，及时进行效果评估，收集反馈意见，总结经验教训。

11. 预算管理：合理规划预算，确保活动在成本控制内达到最佳效果。

（三）实训步骤

1.指导老师引导学生学习产品发布会策划相关知识和技巧。

2.选择企业项目并进行调研，完成下表 3-4-1 调研表。

表 3-4-1　企业项目调研

团队名称		调研企业名称	
该企业背景信息			
市场分析			
目标受众分析			
产品分析			
竞争者分析			
促销目标			
活动经费预算			

3.集体讨论策划中的不确定或存疑部分，将问题和困难整理出来，请老师予以帮助和指导。

问题一：	指导意见：
问题二：	指导意见：
问题三：	指导意见：

4.根据老师的指导意见开展策划书写作，完成初稿后邀请老师进行评阅和讨论，对评阅部分提出修改意见。

评阅意见	
修改意见	

5. 在完成各部分的修改后，擅长文字编辑和版面设计的组员将策划书作为一个整体进行打磨，保证内容的整合性、风格的一致性。同时，检查各部分是否有重复和矛盾的地方，用语是否统一，并确定统一的格式。对照下表 3-4-2 进行审阅。

表 3-4-2　策划方案审核要点

审阅要点	是否过关
重点信息是否突出	
内容层次是否清晰	
语言表达是否简洁	
图片和表格的位置是否需要调整以达到视觉平衡	
所有调研资料是否标注来源	
封面和目录是否设计美观大方	

6. 各小组根据策划方案实施发布会前的工作，可参考下表 3-4-3 步骤制定策划方案工作细则。

表 3-4-3　策划方案工作细则

时　间	内　容	细　则
第一阶段	确定方案和发布会流程	①确定最终展示的团队，每个团队展示 15~20 分钟； ②指导老师全程指导和审核

续表

时　间	内　容	细　则
第二阶段	宣传预热和物料准备	①发布会前一周进行宣传预热（视频、海报、H5、软文）； ②打印策划书，准备作品展台； ③确定并置办所有发布会所需物料； ④制作邀请函，发给邀请嘉宾
第三阶段	预演和现场布置	布置现场并进行预演
第四阶段	活动正式展示	邀请嘉宾和其他相关人员进行观摩指导

7. 活动展示，按抽签顺序进行展示。

8. 评委对方案进行评判，可参考下表 3-4-4 "创意产品发布会" 策划方案评分表进行打分。

表 3-4-4　　"创意产品发布会" 策划方案评分表

公司名称

序号	考评项目	所占分值	单项评分	备　注
1	发布会目的	10		整体策划与执行是否围绕目的进行
2	活动主题	10		须考虑是否结合该款产品的市场定位和目标受众的兴趣点
3	活动内容	20		所安排的内容须符合本次活动目的与活动主题
4	活动流程	15		流程各环节考虑是否周到、严谨
5	场地布置	10		须符合本次活动目的与活动主题
6	前期准备	10		为保证本次新品发布会有序进行，前期考虑是否充分、细致
7	费用预算	10		费用安排和执行是否合理到位
8	现场表现力	15		语言表达力、着装与礼仪等
	总评分			

评分主要依据：

（1）与本公司该款产品进行市场开拓的营销战略、营销策略的配合程度。

（2）整体思路清晰，逻辑严密，论证过程合理。

（3）语言表述简洁、流畅、专业。

（4）现场演示专业，符合主题设置。

9. 评委对方案进行评价。该环节要求虚心认真听取评委的评价，多与专家进行沟通，反复思考方案的不足和有待优化之处，以便改正。

专家评价	
优化建议	

10. 各团队对策划方案和实训过程的收获和不足进行总结，优化策划方案并重新提交最终版。

优化点	
收获和体会	

⬛ 知 识 点 链 接

一、促销策划活动步骤

促销策划活动步骤一般包括促销调查、确定促销目标、选择促销工具组合与方法、促销活动策划等。

（一）促销调查

促销调查是指对影响企业促销活动的有关资料进行收集和整理，分析企业促销的外部环境和内部状况，目的是为企业的促销决策提供依据，是促销策略设计的重要基础工作。

（二）确定促销目标

企业的促销目标应与企业整体营销目标以及该阶段促销目标相配合。促销目标可以是对市场或财务等经济效益性质目标的描述，如扩大市场份额、提高产品接受程度、增加销售额，也可以是对企业形象等目标的描述。

（三）选择促销工具组合与方法

战略思想、促销目标的确定，为促销工具的选择奠定了基础。在此阶段，核心内容是如何根据促销目标，选择适合的促销工具组合，并有针对性地分解促销任务，根据目标及任务选择具有可操作性、可行性的具体促销方法。

1. 选择促销工具组合。促销战略策划完成后，企业明确了促销目标，进一步确定了促销的中心任务，由此来围绕该中心任务选择促销组合工具。选择促销工具组合，要综合考虑产品性质、产品生命周期、消费者购买准备阶段等多种因素，并和企业自身特点相结合。确定广告、公共宣传、销售促进、人员推销、直复营销几种工具在整体促销活动中的重要性、优先次序、资金分配等，作为下一步进行各项具体的活动策划的前提。

2. 分解促销任务。为了进一步将促销形成一个个的活动、计划、组织和政策安排，需要对已确定的核心任务进行分解。这种分解一般根据沟通主题要求来进行，当然也可以按组织、部门、诉求对象来进行分解，但不论如何分解，制定一个详细的活动计划项目表是不错的选择。如某公司某年度某一时段按照促销目标确定为提高产品认知度时期，则可按主体要求分解为知名度、社会形象力和厂商支持度，因此可以设计活动为新闻发布会、商家座谈会、广告宣传计划、新品展示会、销售促进活动、促销员培训等。

3. 选择促销方法。促销方法的选择除了要受到产品性质、营销策略、产品生命周期、购买者准备阶段等几个因素影响外，最重要的是具体的促销方法必须能够有利于达到所制定的促销目标。

实践表明，同时使用多种促销方法比单独使用一种方法更加有效，因此在选择促销方法时，要特别注意各种促销方法的创意组合。

通过以下几个例子可以说明不同促销方法的组合应用。

（1）为了让消费者看到销售点广告，最好的刺激方法就是兑奖，这种促销方法可以使消费者在心理上由衷地投入整个活动，同时达到阅读广告的目的。

（2）免费赠送的样品包装可以作为优惠券使用，使消费者在试用过后有产生第一次购买的行为。

（3）为了提高折价券的兑换率，可以在折价券上加上抽奖或者竞猜的活动。

（4）消费者参与抽奖活动没有中奖，抽奖凭证可以作为下次消费的优惠券，此举不但能够实现较高的参与率，同时会减少未中奖者的挫折感。

（5）为取得更好的效果，对消费者的促销与对经销商的促销应该同时进行，如果配合以销售人员的特殊激励，那么带来的影响会更为巨大。

（6）在进行消费者促销时，为了得到零售商更多的协助和支持，可以增设一项针对零售商的销售比赛。

（7）企业向消费者承诺，如果他们在一家商场购买了一定数量的产品，则可以免费或以较低的价格购买该店出售的其他产品。由于这种优惠可以增加零售商的营业额，所以零售商也乐于支持这样的促销活动。

（四）促销活动策划

在具体活动的策划阶段，要分别制定广告策划、公共宣传策划、销售促进策划、人员推销策划方案等内容，并制订促销费用预算计划。这里主要介绍狭义的促销（销售促进，SP）的策划过程。

1. 确定促销活动要素。它包括以下 6 个要素：

第一，促销范围。企业不可能只生产或经营一种产品，但企业的内部资源如人、财、物等是有限的，因此，在进行促销活动策划时，首先要确定促销的产品范围。同时，企业的市场区域通常要有主要市场和次要市场之分，促销活动所涉及的市场范围也是企业需要慎重考虑的问题。

促销范围的确定主要根据不同产品在不同销售区域的销售情况、企业的自身资源状况、企业经营目标和市场竞争状况来决定。例如，企业的主流畅销产品是主要的现金流和利润来源，应保持促销力度和更新促销方法；企业开发新产品的作用是发展新的细分市场，寻求新的利润增长点，应加大新产品的促销投入；处于衰退期或者非主流产品，则可以适当减少促销投入。又如，为拓展新的区域市场，获取更大的市场份额，通常在新的市场区域采取较大力度的促销。

第二，确定促销时机。企业在不同时机进行促销活动，对促销效果的影响是不一样的。一般来说，促销时机的选择应根据消费者需求和市场竞争的特点，结合整体市场营销战略来确定。例如，如果产品需求存在明显的季节性，则应在旺季来临之前和旺季期间开展促销活动；如果调查结果显示竞争对手即将有重大促销政策出台，则抢在竞争对手之前开展促销活动，会起到先发制人的效果。把握最适宜的促销时机，还能够收到事半功倍的效果。事实上，许多企业都善于利用重大节庆或社会活动、企业开业或周年庆典、新产品上市等有利时机开展各种促销活动。

第三，确定激励规模。要使促销获得成功，最低限度的刺激物是必不可少的。较高的刺激程度会产生较高的销售反应，但超过一定点时，其效益增加比率却是递减的。因此，企业在制定促销方案时必须确定使成本效益比达到最大的激励规模。

第四，确定参与条件。企业的激励是面向目标市场的每一个人，还是有选择的部分人，这种范围控制有多大，哪类人员是主攻目标等，这类问题选择的正确与否直接影响到促销的最终效果。设定参与条件要注意两个问题：一是避免将优惠给予不可能成为产品固定使用者的人；二是防止因条件太苛刻，阻碍了大部分品牌忠实者或喜欢优惠活动的消费者参与。

第五，确定促销媒介。企业还必须决定使用何种促销媒介，以及如何向目标顾客传达促销方案。假设促销方法能让顾客获得优惠券，可以选择将优惠券置于包装袋内、在商店入口处派发、邮寄、企业自媒体上设置游戏互动环节等，每一种方式都代表不同的促销方法。

第六，持续时间。如果促销活动的持续时间较短，一些消费者可能因为太忙而无法参与这个活动；如果促销时间太长，消费者则可能认为这是长期降价，使促销活动失去应有的作用，并对品牌产生怀疑。确定促销活动的持续时间应综合考虑产品特点、消费者购买习惯、促销目标、企业经济实力、竞争策略及其他因素。

2. 广告活动策划。主要指选择什么样的广告创意，即表现手法，选择什么样的媒体进行宣传，按照怎样的节奏播发广告等。

3. 公共宣传活动策划。主要包括选择何种公共宣传方式，如新闻发布会、展览会、座谈会等，采用何种方法使各新闻媒体能够准确流畅地接受企业的促销信息等。

4. 促销费用预算。不同的企业在财力资源、市场需求、竞争地位、促销愿望等许多方面存在差异，使得促销预算的决定很难由统一的、科学的方法来进行。常用的方法有四种：量入为出法、销售百分比法、竞争对等法和目标任务法。

二、发布会策划

（一）常见的发布会分类

常见的发布会，按照其不同目的，一般分为 4 种，分别是：新品发布会、战略升级发布会、合作发布会和行业发布会。

第一种，新品发布会是指某公司为了宣传公司新产品而举办的发布会。

第二种，战略升级发布会是指企业产品方向或品牌形象有重大升级，需要向外界公布的发布会。

第三种，合作发布会是指某两个公司展开合作，或者共同出资成立一个公司而召开的发布会。

第四种，行业发布会是指通常为了促进行业交流而举行的发布会。

（二）筹办发布会——三个核心和两条线

筹办发布会成功的关键就在于三个核心和两条线。三个核心是指发布会主题、发布会活动环节和发布会嘉宾。这三个核心直接决定了发布会的档次和受欢迎程度，因此非常重要。

两条线分别是指发布会宣传线和发布会资源落地线。这两条线，直接影响了一场发布会能否成功顺利举行。

1. 发布会主题。

发布会的主题，就好比一篇文章的标题，直接决定大家是否愿意了解这场发布会。而且发布会主题的确定，基本奠定了整个发布会的宣传大方向，以及需要向目标用户传达出的信息。这个主题直接就圈定了此次发布会我们希望哪部分人来参会。例如，锐力公关负责的一场 UC 的发布会"你的创作　值得更多"，传达的意图非常明显，此次发布会核心宗旨是为了提高自媒体人的创作价值，发布会的核心受众就是自媒体人。因此这个发布会主题，基本就直接将其他行业的人排除在外了。

2. 发布会活动环节。

（1）发布会活动环节构成。发布会活动环节设置得是否有趣合理，是能否吸引众多参会者报名参加以及让观众一直留到最后的重要因素。

对于一场发布会，我们常见的环节可能有以下几个部分：领导开场介绍、核心产品演讲、嘉宾分享、启动仪式、圆桌讨论和抽奖环节等。根据整个发布会的规模、资源优势以及侧重，一场发布会可以是由其中的一个或者某几个环节构成。比如之前锤子手机的新品发布会，基本就是罗永浩的单口相声表演，两三个小时从头讲到尾，全部介绍新品手机。因为罗永浩独特的人格魅力，大家仍会把这场发布会听得津津有味。有的发布会因为全程没什么亮点，可能发布会还没过半，会场就空了一大半。

（2）设置发布会活动环节注意事项。发布会环节的设置，需要注意以下 3 项：

第一，最需要考虑的是如何巧妙地介绍自身产品。如介绍新品手机时，罗永浩老师打出的是一张情怀牌，小米打出的是机身参数牌。这二者都是在借发布会，用自身最适合的方式进行宣传。

第二，需要考虑发布会的亮点。发布会亮点就是此次发布会最吸引人的点。比如苹果公司在新品发布会中要发布的 iPhone7 的介绍，或者是此次发布会有一个重要计划的宣布，或者是此次发布会的一个创意环节。

第三，发布会活动环节不宜太长，环节需要有所侧重。发布会整体时长最好控制在 4 小时以内，时间太长，台下观众的注意力也不会太集中，观众容易流失。而且时间太长，主办方需要考虑是否给参会人员供餐，从而增加发布会的复杂度和成本。在一些重要环节上，比如介绍新产品，可以设置较多时间，对于不太重要的环节，如开场演讲，10~15分钟，点到为止即可。

最终，将发布会的环节确定后，制成一个发布会流程表。安排好具体时间对应的环节。该表既可以用于当天的环节控制，也可以用于通知参会人员当天活动安排。流程范例见表3-4-5。

表3-4-5　发布会流程范例

流程区分	时间安排	内　容
参会人员入场	9:30—10:00	现场签到、媒体嘉宾入场
开场介绍	10:00—10:05	开场讲话，介绍现场来宾
新产品发布	10:05—10:35	品牌方解说：设计师阐述新产品系列的产品设计角度和产品优势，配合模特展示
嘉宾专访	10:35—11:00	采访区域
消费者体验区	11:00—11:30	新品体验区、场外体验区
结束语	11:30—11:40	总结和致谢

3. 发布会嘉宾。

发布会嘉宾的重要性不言而喻。如果一场发布会，有足够重量的嘉宾出席，绝对可以令这场发布会增色不少。往往有很多参会观众，也是冲着活动嘉宾的分享来的。

常见的发布会嘉宾可以分为两种，一种是行业领袖，另一种是明星人物。行业领袖，一般也就是行业内顶尖影响力的人物，这些嘉宾的分享，往往能提高发布会的层次和含金量。而明星人物的出席，则会非常大的提高发布会人气。不过，综合成本与效果来看，一般请行业领袖，往往影响更聚焦，效果会更好。

挑选活动嘉宾时，第一个，要注意嘉宾本身的形象内涵与此次发布会的整体搭配，从而达到相得益彰的效果。第二个，需要注意一次多邀请几个备选嘉宾。因为一次发布会往往准备时间较长，不排除有的嘉宾因时间冲突，无法正常出席。所以一定要准备好嘉宾备选方案。

4. 发布会宣传线。

想让发布会的影响力更大，宣传工作尤为重要。按照一般的宣传节奏，发布会宣传分为预热期、举办期和延续期，也就是会前、会中和会后环节。

确立发布会宣传的时候，我们首先要了解此次发布会召开的目的和背景，此次参会人员的特点和痛点，从而定下整体传播策略，这个策略可以与发布会主题完全一致，也可以是在发布会主题基础上做一些延伸。

（1）预热期宣传。所有的宣传活动，都分为线上宣传、线下宣传或者二者的结合。预热期的宣传也是这样的，而为了达到四两拨千斤的效果，预热期更侧重线上宣传。

预热期一般指的是发布会正式召开的前一周，这期间主要传播目的是扩大发布会的声势，向外界传达某企业要举办一个什么样的发布会的消息。常规的线上预热宣传包括创意 H5 宣传、倒计时海报宣传、视频宣传、邀请函宣传等方式。线下宣传包括户外广告、楼宇广告和报纸广告等。

①创意 H5 宣传。充满创意的 H5，永远是人们乐于分享和刷屏的经典素材。而制作这类 H5，难点就在于创意的展现。比如腾讯与故宫合作举办"Next Idea X 故宫"腾讯创新大赛，随即推出"穿越故宫来看你"的 H5 作为邀请函，仅上线一天访问量就突破 300 万。此 H5 将故宫与新生代事物相结合，以皇帝穿越为主题，引入说唱音乐风格，互动性和刺激性非常强。

②倒计时海报宣传。近年来，倒计时海报宣传，几乎成了各个互联网公司召开发布会的宣传标配。无外乎倒计时海报具有设置悬念、方便宣传转发、且成本低廉的特点。

发布会的倒计时海报 6 种玩法

③视频宣传。正所谓"字不如表，表不如图，图不如视频"，视频内容本身对于大众来说，具有易于接受和理解的特点，往往能带来更好的传播效果。但是拍摄视频，往往也是需要较大成本和较长的周期，不适合在筹办发布会的时间特别紧张的情况下使用。拍摄一则有创意的视频，比如走温情路线，或者走搞笑路线等，表现优秀的话，最后还能成为网友讨论的热点话题。

④邀请函宣传。一个新颖独特的邀请函，往往也是一个宣传亮点。因为邀请函就是参会的门票，如果邀请函做得有趣，参会人员往往会在社交圈里秀出来。比如之前小米发布会的邀请函"一块钢板的艺术之旅"，引得很多人在朋友圈争相刷屏转发，成为邀请函宣传的一个经典案例。

即使做不出一个如小米这种非常有创意的邀请函，也可以做一个图片版的定制邀请函或 H5 邀请函，然后鼓励参会人员晒出，也是一个不错的宣传方式。

⑤线下宣传。常规的线下宣传包括户外广告、楼宇广告和地铁广告等。

综上所述，如果一个发布会规模比较大，预算比较多，运营人员很充足，可以将上述方式全部选择，从而将宣传效果最大化。如果在预算有限、人力有限的情况下，完成倒计时海报、图片邀请函以及线下广告的宣传，也能取得一定的宣传效果。

（2）举办期宣传。发布会的举办期宣传，往往在发布会召开前后三天进行，包括发布会召开倒数第一天，发布会举办当天和发布会结束后第一天。此期间主要的宣传侧重点，就是披露部分发布会的重要看点内容。因为之前有了预热期的铺垫，整个发布会的参会人数也有基本保证。举办期间常见的宣传方式有嘉宾宣传、视频宣传和直播宣传等。

①嘉宾宣传。它指的就是此次参会嘉宾为发布会做出的站台宣传。可以是简短的视频的形式，也可以是创意人物海报的形式。在视频中，常见的场景就是，某个嘉宾手持话筒，念出"我是×××，我在×××发布会等你"等类似宣传文案。创意海报，则是选用嘉宾的高清照片，附带一句邀请语，表示这些嘉宾也会参加此次发布会。

②视频宣传。它指的是此次发布会中，有关新品介绍的视频，可以提前在各个渠道进行宣传。

③直播宣传。发布会的场地往往有限，但是直播却能将发布会的影响范围延伸扩大，让那些不能到达现场的观众，也能同步欣赏发布会。直播宣传包括视频直播、音频直播和互动式直播。常见的视频直播，也就是目前各大视频网站的直播，如优酷、爱奇艺、腾讯视频等。音频直播就是一些常见的在线电台App，如喜马拉雅、蜻蜓等。以上这些直播基本是实时传输画面或声音，缺少互动。因此，在发布会上进行互动式直播也成为一种常用的直播宣传形式。常见的互动式直播，就是主办方邀请一些网红坐在发布会台下，直播发布会动态，并且实时与粉丝互动交流，介绍发布会最新进展。

（3）延续期宣传。发布会的结束，并不意味着宣传的结束。延续期宣传，指的就是在发布会结束后的一周内继续宣传。趁着发布会结束的余温，继续趁热打铁，往往能起到锦上添花的宣传效果。

发布会结束后，常规来说，主要进行三方面的宣传：第一是宣传发布会通稿，在各大媒体网站进行宣传。第二是邀约一些KOL（意见领袖）进行写稿，分享对发布会的思考。第三是邀请一些记者报道，对公司或者负责人进行专访和深度报道，揭秘一些公司发布会背后的精彩内容。

需要注意的是，发布会通稿往往是在发布会开始前就准备好的内容，突出了此次活动亮点以及一些嘉宾精彩发言，用于再次传播发布会的精神内涵。对KOL进行约稿，一般都会找一些与产品匹配度比较高且参加过发布会的KOL进行各种维度的约稿，让其以行业观察者或用户的身份对公司新品进行一次宣传。

5. 发布会资源落地线。

在进行了轰轰烈烈的发布会宣传的同时，还有一条非常重要的线，就是发布会资源落地线，这关乎发布会能否正常举办。发布会资源的落地，主要分为 3 类：人的准备、物料的准备和场地的准备。

（1）人的准备。发布会人的方面的准备包括三种：

第一个指的是参会嘉宾的确定，直至嘉宾正常出席发布会。嘉宾的确定，往往需要在策划发布会环节就开始对嘉宾进行邀约，并且随时确定嘉宾的排期与动态，最好能有专人维护对接，直至对方出席发布会现场。因为一般嘉宾的时间排期都会比较满，在一对一对接的情况下，首先能与嘉宾保持密切联系，显示主办方对活动嘉宾的重视。其次也是为了持续确认嘉宾的时间安排，保证嘉宾按时到场。

第二个指的是参加此次发布会的观众，需要从宣传到报名结束，保证此次发布会的参与人数。发布会观众的招募，也需要在策划发布会前就开始进行，且在预热期结束时，就必须完成发布会观众的招募工作。招募观众的数量最好大于实际现场能容纳的参与人数。因为当天极有可能部分观众因各种原因无法参加活动，即使各位观众都按时到场了，我们也可以营造现场一种高朋满座、人气爆棚的现场氛围。

第三个指的是活动现场的工作人员，现场人员的分工，各司其职，保证发布会活动的顺利召开。发布会工作人员的确定，需要在发布会预热期结束前确定好，最好列一个分工事项表和负责人联系表，将工作职责分配到人，专人专岗，并且部分工作人员有紧急问题时，随时可以联系相关负责人，协助解决。

（2）物料的准备，主要包括两种：

第一种是指发布会前期的宣传物料，如之前说的邀请函、创意视频等。

第二种是指发布会当天参会人员的伴手礼以及嘉宾礼物。因为这些物料都需要一定的制作周期，比如视频，需要经历脚本文案的确定、拍摄、剪辑、最终成片等过程。礼品的制作需要经过挑选、打样、批量制作、运送等过程。

每一种物料的确认，一般还需要公司领导的审阅。发布会整个周期非常长，物料准备的最后时间，就是预热期结束时，也就是说，发布会前一天，所有的物料必须全部准备到位。

（3）场地的准备，包括两个步骤：第一步，是策划发布会阶段，需要挑选合适的活动场地；第二步，是发布会召开前夕，发布会现场需要布置完毕。

常见的发布会场地，按照人数规模不同，一般分为酒店、会议中心和体育场馆。在确定发布会场地时，需要综合考虑场地的档次标准、交通条件、人数规模、整体价格、场地排期等因素，挑选出一个性价比最合适的场地。

在布置发布会现场时，需要提前设计布置方案，合理规划发布会现场的各个区域，包括检票区、活动会场、互动展示区等，活动会场又分为领导席、嘉宾席、媒体记者席、普通观众席等。还有现场各个宣传元素，这些也需要考虑好。如果预算足够的情况下，布置场地的工作，交给一个靠谱的外包供应商来做，往往效果看起来会更专业，主办方也能更省心。

综上所述，当我们考虑周全并执行了一整套的发布会筹办内容后（三个核心和两条线：发布会主题、发布会活动环节和发布会嘉宾，发布会宣传线和发布会资源落地线），此次发布会的筹办就基本准备完毕了。我们完成由内而外，从核心到整体的筹办工作。这样一个思路，对除了举办发布会之外的大型策划活动，也能起到一定的借鉴意义。

任务拓展

以即将来临的节日为契机，各团队自行联系一家校园周边实体店与其合作，为其开展一次节日促销活动。完成市场调研、策划方案、策划执行、效果评估四大步骤。最终形成一份结案报告。

任务评价

项目四　促销策划创意文案
技能考核表

班级：_____　　姓名：_____　　学号：_____

评价项目		评价标准	分值	得分
职业素养	职业道德	诚实严谨、遵守纪律、独立完成任务（5分）； 方案不违背职业道德与营销伦理（5分）	10	
	职业能力	方法得当、思路清晰，对背景资料分析透彻、细致（5分）； 撰写的策划方案符合要求，能在规定时间内完成任务（5分）	10	
作品	卷面格式	文字编排工整清楚、格式符合要求	5	
	文字表达	流畅、条理清楚、逻辑性较强	5	
	活动主题	有主题（4分）； 主题鲜明、引人注目（6分）	10	
	活动目标	有活动目标（2分）； 目标较为明确、具体、具有针对性（3分）	5	
	时间地点	选择恰当，与活动对象、活动方式相适应，时间选择得当（2分）； 地点选择得当（3分）	5	
	对象选择	促销产品明确、活动对象选择准确	5	
	活动方式	刺激程度适当，与费用相匹配	10	
	实施安排	事前准备充分（3分）； 事中人力、物力等布置妥当（5分）； 事后有延续安排（2分）	10	

续表

评价项目		评价标准	分值	得分
作品	促销组合	促销组合符合促销目标以及对象的媒介习惯	10	
	预算恰当	有预算表（2分）； 预算符合企业的背景与目标（1分）； 预算分配合理（2分）	5	
	意外防范	具备处理意外问题的预案，要求两种以上简要预案， 每个预案（2分）； 合理度（1分）	5	
	创新方面	方案创意独特且可行	5	
小　计			100	

项目五　新媒体文案策划

任务目标

1.理解新媒体文案的基本概念和特点。

2.掌握新媒体文案的创作流程和方法。

3.掌握基本的新媒体文案写作技巧。

4.提高新媒体文案的创意思维和实际应用能力。

任务描述

1.研究并分析新媒体文案与传统媒体文案的区别。

2.根据给定的产品或服务，创作一篇吸引目标受众的新媒体文案。

3.运用不同的写作技巧，如故事叙述、情感诉求等，增强文案的吸引力。

4.设计文案的标题和视觉元素，以提高点击率和阅读率。

5.选择适合的新媒体平台进行文案发布。

任务准备

1.微课学习《认识新媒体文案》《文案如何吸引注意力（一）》《文案如何吸引注意力（二）》《新媒体文案的标题拟定》《认识新媒体销售文案》《认识新媒体品牌文案》。

2.网络环境稳定的机房或移动设备。

3.下载安装 WPS 最新版办公软件。

认识新媒体
文案

文案如何吸引
注意力（一）

文案如何吸引
注意力（二）

新媒体文案
的标题拟定

认识新媒体
销售文案

认识新媒体
品牌文案

任务实施

实训一 认识新媒体文案

任务一 列举信息获取渠道并将其归类

1.仔细思考，并分小组进行讨论，列举出大家平时获取的信息主要来自什么渠道、哪些渠道属于传统媒体、哪些渠道属于新媒体，然后填写表3-5-1。

表 3-5-1 信息来源列表

传统媒体	新媒体

2.思考并回答问题：在新媒体时代，大家获取信息的主要渠道都来自网络，传统媒体还具有哪些意义和价值？

任务二 认识新媒体文案岗位的职责

在求职网站或招聘网站上，搜索与文案相关的岗位（如文案策划、网络编辑、文案编辑等），分析其工作职责，判断哪些是属于新媒体文案的工作范畴，并填写表3-5-2。

表 3-5-2 新媒体文案岗位的职责

招聘企业	岗 位	工作职责

招聘企业	岗 位	工作职责

实训二　寻找优秀的新媒体文案

任务一　收集优秀的新媒体文案

学生以 3~4 人为一组,每人收集 3~5 篇优秀的新媒体文案,分析其优点(至少 3 个),填写表 3–5–3,并在组内进行分享。

表 3–5–3　优秀新媒体文案收集表

序号	文案标题和类型	主要内容	新媒体平台来源	推荐理由

任务二　总结新媒体传播因素

采访 3 位喜欢转发消息的亲朋好友,调查他们偏好的新媒体平台有哪些,了解他们转发的内容主要是什么及促使他们进行转发的原因,填写表 3–5–4。

表 3-5-4　转发意愿调查表

序号	被采访人	喜欢的新媒体平台	最近转发的 3 条（组）消息	转发原因

实训三　分析新媒体文案的创作过程

分析实训二中选出的新媒体文案，小组合作收集资料，并填写表 3-5-5。

表 3-5-5　优秀新媒体文案分析表

项　目		内　容
写作目的		
市场调研	产品特点	
	竞品特点	
	目标受众	
创意梳理		
文案执行		
优　点		
缺　点		

实训四　新媒体文案策划

3~5 名同学组成一个团队，选择一个品牌，根据背景介绍及商品资料，撰写合适的电商产品文案，并根据所学知识，完成下面两个任务。

任务一 产品核心卖点提炼

选取该品牌 1 种产品，学生就选择的产品进行深度剖析，提炼出产品的核心卖点，完成表 3-5-6。

表 3-5-6 产品剖析记录

产品名称			
价　格		销售区域	
竞品分析		目标销售人群	
主要特点			
核心卖点提炼			

任务二 借势广告文案写作

结合产品特点，借势节日或节气，选取合适的切入点撰写广告文案。并选择合适的新媒体传播平台。

借势节日或节气	
选题切入点	
文案主题	
传播平台	
内容形式（视频 / 图文）	
文案内容	

任务拓展

请为你家乡某款特产或旅游景点，设计一段抖音短视频文案，要求以短视频脚本格式完成。

任务评价

项目五 新媒体文案策划
技能考核表

班级：_____　　姓名：_____　　学号：_____

评价项目		评价标准	分值	得分
职业素养	职业道德	诚实严谨、遵守纪律、独立完成任务（5分）；具备职业道德与职业素养（5分）	10	
	职业能力	方法得当、思路清晰，对背景资料分析透彻、细致（5分）；撰写的策划方案符合要求，能在规定时间内完成任务（5分）	10	
实训工作	掌握关键概念	能正确识别新媒体、新媒体文案、新媒体平台	10	
	新媒体文案创作	分析准确，流程完整，能够根据产品特点，写出有一定创意的文案	20	
	平台选择	有适合的新媒体传播平台，结合产品特点，选取合适的切入点撰写广告文案	10	
	创新意识	新媒体文案写作中提出具有创意的写作方法和表现手法	10	
	沟通交流	能够有效进行访谈交流并进行创意展示	10	
	团队协作	能够进行有效的团队协作，充分发挥各成员优势特长，共同完成任务	10	
	资源整合能力	能够借助多种渠道收集素材资料，并进行有效的分析及整合	10	
小　计			100	

图书在版编目（CIP）数据

营销创意文案策划实训 / 陈婷编著 . -- 西安：西
北大学出版社，2024. 12. -- ISBN 978-7-5604-5558-7

Ⅰ . F713.50

中国国家版本馆 CIP 数据核字第 2024GS9464 号

营销创意文案策划实训

编　　著	陈婷	
出版发行	西北大学出版社	
地　　址	西安市太白北路 229 号	
邮　　编	710069	
电　　话	029-88303059	
经　　销	全国新华书店	
印　　装	陕西隆昌印刷有限公司	
开　　本	787mm×1092mm　1/16	
印　　张	10.25	
字　　数	200 千字	
版　　次	2024 年 12 月第 1 版　2024 年 12 月第 1 次印刷	
书　　号	ISBN 978-7-5604-5558-7	
定　　价	48.00 元	

本版图书如有印装质量问题，请拨打电话 029-88302966 予以调换。